AF332551

# LA
# PHYSIOGNOMIE,

OU

## L'ART DE CONNAÎTRE LES HOMMES

D'APRÈS LES TRAITS DU VISAGE
ET LES MANIFESTATIONS EXTÉRIEURES

SELON LES SYSTÈMES

## DE GALL, Porta, Lavater, etc.

PAR L'AUTEUR DES LETTRES À CAMILLE

### SUR LA PHYSIOLOGIE,

SUIVIE

## DE BIOGRAPHIES PHYSIOGNOMONIQUES,

PORTRAITS PHYSIQUES ET MORAUX

DE PERSONNAGES ANC. CONNUS, NAPOLÉON, CHATEAUBRIAND,
FOX, CUVIER, GALL, WINCKELMANN,
DESAIX, GERMAIN, VICOMTE DE MARTIGNAC, MIRABEAU,
ROBESPIERRE, MAD. DE STAËL,
DE TALLEYRAND, COMTE DE SÉGUR, WELLINGTON, ETC.

## A PARIS,

### CHEZ WERDET, LIBRAIRE,

RUE DES FOSSÉS-SAINT-GERMAIN-DES-PRÉS, N. 11.

MDCCCXXX

# EXTRAIT

## DU

# CATALOGUE DE WERDET,

### LIBRAIRE,

RUE DES GRANDS-AUGUSTINS, N. 21.

---

**OEUVRES COMPLÈTES DE VOLTAIRE**, nouvelle édition, collationnée sur des éditions originales, et augmentée de pièces inédites, de nouvelles variantes, de notes historiques, de préfaces, d'avertissements, etc., par M. Beuchot; 70 vol. in-8., imprimés sur papier vélin, par MM. Firmin Didot.

Le prix de chaque volume, satiné, est de
4 fr. 50 c.

Sur papier dit *Cavalier*, vélin superfin,   7 fr.

Sur très-grand papier, dit *Petit-Jésus*, tiré à 50 exemplaires,   15 fr.

Cette édition contiendra plusieurs morceaux inédits.

**LETTRES A CAMILLE SUR LA PHYSIOLOGIE**, Exposé précis des phénomènes de la vie,

par Isidore Bourdon, de l'Académie royale de
Médecine; précédées d'un Rapport de M. Geof-
froy Saint-Hilaire, à l'Académie des Sciences;
un fort vol. in-18, imprimé avec luxe sur beau
papier fin, satiné, deuxième édition, 5 f. 50 c.

**CONFESSIONS D'UN HOMME DE COUR,** con-
temporain de Louis XV; Révélations historiques sur la fin du xviii° siècle, publiées par
MM. P. J. Dusaulchoy et J. Charrin; 5 forts
vol. in-12, imprimés avec soin, couvertures
imprimées, 17 fr. 50 c.

**TRAITÉ-PRATIQUE** de tous les actes privés, ou
Modèles de tous les actes, tant civils que com-
merciaux, que l'on peut faire sous signatures
privées; précédés ou accompagnés des dispositions des lois et des observations nécessaires à
leur intelligence, et suivi d'un tarif d'enregis-
trement; ouvrage utile à toutes les classes de la
société, et particulièrement aux hommes d'affaires, propriétaires et commerçants; par
M. Malepeyre, avocat à la cour royale; un
fort vol. in-18, imprimé en petit-texte et nom-
pareille, 5 fr.

**INSTINCT, MOEURS ET SAGACITÉ DES ANI-
MAUX,** ou Lettres de deux amies sur l'Histoire Naturelle, par M. B. Rousse, professeur
d'histoire naturelle, ornées de vignettes d'après
les dessins de M. Huet, peintre au Jardin du

Roi ; un fort volume. in-12, imprimé avec
soin,                                     5 fr. 50 c.

Le même, figures coloriées,     4 fr. 50 c.

**ALPHABET MILITAIRE.** Nouvelle méthode
d'enseigner à lire aux enfants tout en les amu-
sant ; un vol. in-12, orné de 25 figures coloriées avec beaucoup de soin, élégamment cartonné,                                          4 fr.

**GRAMMAIRE PITTORESQUE**, pour l'amuse-
ment et l'instruction des enfants, par M. Pons,
très-joli vol. in-12, orné de 12 fig. coloriées,
cartonné,                                       5 fr.

**TRAITÉ D'ANATOMIE ÉLÉMENTAIRE**, à l'u-
sage des gens du monde et des jeunes gens,
par M. J. Govin, D M., ancien préparateur
des leçons d'anatomie de M. Jules Cloquet,
professeur ; un joli vol. in-18, orné d'une figure,                                          75 c.

**TRAITÉ D'ARITHMÉTIQUE COMMERCIALE**,
augmenté de problêmes sur toutes les opéra-
tions des calculs, à l'usage de la jeunesse de
toutes les écoles, par M. Lagrange, un vol.
in-18,                                         60 c.

**TRAITÉ DE GÉOMÉTRIE ÉLÉMENTAIRE**, à
l'usage de la jeunesse de toutes les écoles, par
M. Lagrange, un volume in-18, orné de figures,                                         75 c.

**GÉOGRAPHIE DE LA FRANCE ET DE SES COLONIES**, ou Description historique et topographique de chaque département, ses productions, manufactures, commerce, etc., à l'usage de la jeunesse de toutes les écoles, par M. Lallemant, géographe, un vol. in-18, 75 c.

**TRAITÉ ÉLÉMENTAIRE DE RHÉTORIQUE ET D'ÉLOQUENCE**, à l'usage de la jeunesse de toutes les écoles, par M. F. Malepeyre, avocat, un vol. in-18, 60 c.

**BRÉVIAIRE DE JACQUES AMYOT** (Le), joli vol. in-16, imprimé sur papier vélin, 2 fr.

**SECOURS A DONNER AUX MALADES** (des) avant l'arrivée du médecin, dans les cas graves et urgents, suivi de réflexions sur les charlatans, sur le choix d'un médecin, et sur quelques erreurs relatives à la santé, par J. B. Mège, de l'Académie royale de Médecine, un volume in-8, 2 fr. 50 c.

**DEVOIRS DU MÉDECIN** (des) et des abus qui le rendent coupable des plus graves délits, par le docteur Louis Buccilati, médecin-chirurgien aux Facultés de Milan, Turin, etc. ; un vol. in-8. 2 fr.

LA

# PHYSIOGNOMONIE

DE

## L'HOMME.

PARIS. — IMPRIMERIE ET FONDERIE DE G. DOYEN,
rue Saint-Jacques, n. 58.

Gravé par Fauchery

Publié par Wourdet.

# LA
# PHYSIOGNOMONIE

OU

## L'ART DE CONNAITRE LES HOMMES

D'APRÈS LES TRAITS DU VISAGE
ET LES MANIFESTATIONS EXTÉRIEURES;

SELON LES SYSTÈMES

## De Gall, Porta, Lavater, etc.

PAR L'AUTEUR DES LETTRES A CAMILLE
SUR LA PHYSIOLOGIE.

## A PARIS,

## CHEZ WERDET, LIBRAIRE,

RUE DES GRANDS AUGUSTINS, N. 21.

## M DCCC XXX.

# AVANT-PROPOS.

J'entendais un jour une personne, à la fois homme d'esprit et philosophe ( ce qui n'est ni nécessairement inséparable ni, par bonheur, incompatible ), cette personne disait : « On parle souvent avec conviction de l'art de connaître les hommes d'après la physionomie ; moi, je n'ai point confiance en cet art-là. Il faut être charlatan pour le pratiquer, enclin aux préjugés pour y croire, faible d'esprit pour y recourir : à mon sens, la physiognomonie et le magnétisme sont choses fort ressemblantes, et cela tient à la parenté. Tous deux, en effet, sont de la même famille, cette grande famille de l'erreur qui a toujours tenu tant de place dans l'esprit humain, causé tant de maux à la surface de la terre. »

« — Prenez-garde, lui dis-je, que ce jugement ne soit lui-même une prévention injuste, une erreur ! Vous savez que tout s'enchaîne et se subordonne dans chaque être vivant, que tout se lie dans le grand univers : vous savez que chaque être, chaque phénomène, concourt et conspire pour le grand tout : pourquoi donc ne pourrait-on pas juger de tout un être d'après une de ses parties, ou même d'après une de ses actions? Je vous avouerai que la chose me semble possible. Je dois même vous dire que si vous niez ce principe, vous détruisez de fond en comble et la science du médecin et celle du naturaliste.

« Vous rappelez-vous la prodigieuse sagacité de *Zadig*? il jugeait, uniquement par les traces de son passage, si un animal était petit ou grand, s'il était ingambe ou boîteux, s'il avait de longs poils, s'il allaitait, etc. : c'est du moins ce qu'assure Voltaire.

« Vous avez de même admiré la perspicacité de M. Cuvier : ce grand naturaliste, comme vous savez, a été jusqu'à décrire les mœurs et les divers instincts d'animaux perdus, provenant de races éteintes, dont il ne connaissait que quelques parcelles d'os pétrifiés ! Je vous citerais, s'il en était besoin, maints exemples d'une sagacité pareille : je me borne à deux. — Louis, célèbre chirurgien du siècle passé, se vantait de juger, sans erreur ni hésitation, du tempérament et de la santé d'un homme dont il aurait vu seulement une très-petite surface excoriée. — En Orient, au rapport de Tournefort, voyageur connu pour véridique; en Orient donc, la défiante jalousie des musulmans oblige les médecins à juger des maladies d'après les seuls caractères du pouls, qu'il leur est permis d'apprécier par un trou de cellule. »

« — Pardieu, repartit mon philosophe, je n'ai garde de nier de pareils faits ! c'est très-fermement que je crois en la sagacité humaine. Que ne me citez-vous aussi, comme exemplaire et probante, la profondeur de *Bartholo ! Rosine*, son aimable pupille, a beau nier qu'elle ait écrit, l'habile docteur voit clairement le contraire, à la plume neuve ce matin et maintenant noircie, aux jolis doigts tachés d'encre, enfin au cahier de papier où il trouve mécompte. Assurément tout cela prouve une grande finesse d'investigation ; mais nous parlions des signes de la physionomie, et voilà en quoi je suis incrédule. »

Je lui dis alors, et je le pense, que ces signes-là ont aussi leur certitude, ou plus entière, ou moins parfaite, selon la sagacité naturelle et le degré d'expérience de l'observateur. C'est toujours, il est vrai, une science un peu conjecturale, mais qu'un long exercice et une grande pénétration d'esprit rendent à peu près positive. Voyez Corvisart, le célèbre médecin de Napoléon! il reconnaissait souvent, au premier coup d'œil, le genre d'affection des malades dont il ne voyait que la figure! et pourtant Corvisart n'était ni facile à prévenir, ni expéditif par paresse, ni indifférent de son art, ni insensible aux maux d'autrui, ni enclin aux préjugés, ni crédule, ni cupide, ni charlatan. Non, mais il voyait tout dans la physionomie. C'est de même ainsi que nous jugeons tous, par habitude, et des âges et des professions ; que les voyageurs jugent des nations, des peuplades ; les gens du monde, du rang social et de l'éducation ; les amants, de l'amour ; et, de toutes les passions humaines, des physiologistes et philosophes tels que Gall et Lavater.

Chaque objet d'ailleurs a sa physionomie propre, servant à le faire reconnaître, à le faire distinguer de tout autre corps. MM. de Jussieu, Desfontaines et de Mirbel, à l'exemple du grand Linné, reconnaissent un arbre de fort loin : vous demandez de quelle manière ? tout simplement d'après son port, son aspect général, sa physionomie. M. de Lafosse, digne disciple de l'illustre abbé Haüy, préjuge la composition chimique d'un cristal et sa nature, aussi d'après sa forme totale, d'après son aspect. MM. de Humboldt, Brongniart et Cordier prévoient de même la nature des composants et la structure d'une montagne, uniquement d'après sa configuration extérieure.

C'est donc une règle universelle qu'on peut juger de chaque objet, de chaque être, par une seule de ses parties ; et de chaque partie par l'ensemble, d'après une sorte de physionomie significative pour quiconque sait observer. Mais cette vérité est surtout incontestable quant à la figure humaine, laquelle permet d'augurer, par mille nuances délicates mais constantes, aussi bien des aptitudes de l'esprit que des propensions du caractère.

C'est d'après cette idée, sur ce principe, que ce petit ouvrage a été conçu.

—————

# CHAPITRE PREMIER.

PENSÉES PRÉLIMINAIRES AU SUJET DE

LA PHYSIONOMIE.

On a cru à la physionomie et à la réalité de ses révélations, sans doute long-temps avant que le célèbre Lavater eût fait de ce sujet d'observation une sorte de science. Les hommes vivant rassemblés ont toujours eu intérêt à se connaître, curiosité de se deviner. On a bien été obligé de juger de tout l'homme par la seule partie de son corps qui se modifie selon les diverses situations de l'ame, la seule qui se colore et se ride instantanément durant le règne des passions, la seule d'ailleurs qui soit constamment découverte chez la plupart des peuples, la seule ou presque la seule qui sympathise toujours avec la pensée et les émotions du cœur.

Peut-être même est-ce dans le but instinctif de se mieux connaître ou de se deviner entre eux, et afin de mieux éprouver la sincérité des paroles, que les hommes de presque tous les pays ont la figure nue, sans vêtement ni parure.

Il existe à la vérité des peuples chez qui la figure est la seule partie du corps qui soit couverte ; mais cela vient sans doute de ce qu'ils ont plus que nous intérêt à cacher, à dissimuler leurs passions. La jalousie et le despotisme ont pu nécessiter ces masques perpétuels. Pour mieux garder le mystère sur des actions et des pensées qui seraient condamnées et sévèrement punies, on a voilé un miroir trop fidèle, on s'est masqué.

On a beau s'étudier à rendre ses traits immobiles, la physionomie exprime toujours une partie des pensées ; on a beau lui imposer silence, indiscrète, elle parle toujours. A peine citerait-on deux diplomates, en Europe, en qui la physionomie soit parfaitement muette ; et, ce qui parle bien haut en faveur de la dissimulation, ce sont ces hommes qui gouvernent les nations.

Il est des passions, comme l'amour, qui se manifestent presque uniquement par la physionomie : les vrais amants pourraient à la rigueur se passer de la parole. Et cependant, adressez-vous aux peuples corrompus des capitales, ils vous diront que, passé vingt ans, ceux qui ont le plus d'empire sur leurs traits sont presque toujours les amants les plus heureux. C'est que, sans parler de ceux qui sont misérablement réduits à feindre, l'amour a toujours tant de choses à taire, tant d'espions, tant de jaloux ou d'envieux à tromper !

Lorsque la physionomie n'est pas le puissant auxiliaire des paroles, elle en est l'efficace contre-poison : elle confirme tout discours sincère, et dément tout ce qui est mensonger. Les imposteurs portent sur leur figure l'infernal cachet de la fausseté. C'est à l'imposture qu'est due l'invention du masque : il serait digne de l'hypocrisie de nos jours de faire une mode de son usage.

Les physionomies, ou s'imitent entr'elles, ou du moins s'entre-impressionnent. Les peuples qui ont la figure constamment voilée ont peu ou point de physionomie. Il en est de même des aveugles et des solitaires. Mais les hommes du monde, les gens d'esprit, les personnes passionnées, ont la plupart la figure d'une extrême mobilité. Il n'y a que les esclaves ou les hommes très-habiles, les courtisans et les ambitieux, qui répriment avec soin cette parole muette qui les perdrait en les divulguant.

Il est une classe d'hommes qui, surtout, devrait faire une étude profonde de la physionomie humaine : je veux parler des médecins.

Cette étude leur enseignerait à découvrir les causes cachées de beaucoup de maux, dont les malades ne leur confient souvent que les symptômes ; cela les rendrait plus réservés, moins indiscrets dans leurs questions. Eux - mêmes devraient s'attacher à donner à leur figure l'expression si salutaire de l'espérance, et à taire toute pensée de surprise ou d'inquiétude. On ne saurait croire combien la physionomie des médecins a d'effet sur les malades ; combien de maux elle peut guérir ou calmer ; combien de bonnes nuits elle fait passer aux hommes souffrants et inquiets.

# CHAPITRE II.

## EXISTE-T-IL UN ART DE LA PHYSIO-NOMIE?

Chaque homme a sa physionomie propre, comme son caractère particulier, ses passions, ses aptitudes et son génie ; la chose est avérée et tout le monde l'atteste. Mais cette diversité des traits de la face résulte-t-elle des différences du caractère et de l'esprit ? en est-elle cause, effet, ou bien absolument indépendante ? En d'autres mots, la physionomie est-elle ou non le miroir de l'ame ?

D'abord, écoutons les préventions
et les dires du monde. Chacun croit
aux révélations de la physionomie :
nous attachons tous l'idée d'un certain caractère à de certains traits ; et
nous dotons aussitôt d'une physionomie, ceux que nous connaissons
seulement de réputation, pour des
actions, des écrits ou des pensées.
On vous parle de Shakespeare et de
son génie prodigieux ; vite vous lui
donnez une figure profonde et rem-
brunie. Vous rencontrez M. Victor
Hugo, l'auteur d'*Hernani*, et vous
croyez voir en lui un chérubin des-
cendu du ciel : si c'était M. Lamar-
tine, vous diriez un demi-dieu s'éle-
vant avec sérénité vers l'Olympe.
Vous écrivez *aimable moquerie* sur
le buste ressemblant de M. An-
drieux ; *diplomatie* sur celui de

M. Talleyrand ; et *goût du madrigal satirique et de la renommée*, sur la tête malicieusement ridée de M. Villemain. Je n'ai jamais vu l'auteur de *Fragoletta*, ni l'auteur des *Mœurs du dix-neuvième siècle;* mais si j'étais peintre !... et ils ne ressembleraient, je vous jure, à personne. Je ne mettrais, dans de pareils portraits, ni naïveté, ni bonhomie, ni beaucoup d'abandon non plus ; mais que de malice, quel goût de la nouveauté, que d'ardeur à rechercher ce vain retentissement que nous croyons la gloire !

Un inconnu vous aborde : il vous parle, et vous voyez le jeu de ses traits. Ah ! dites-vous, qu'il est bon ! qu'il est facile à vivre ! la bonne figure, l'heureuse physionomie ! ou bien : Cet homme doit être méchant ;

ses traits expriment la fausseté : il craint donc, puisqu'il se cache? et en cela vous avez tort; car cet homme n'a peut-être contre lui que sa timidité, le trop de respect que vous lui inspirez, ou son inexpérience du monde : attendez quelques jours d'intimité pour le juger.

Tant est irrésistible, comme je le disais, ce besoin d'assortir des traits particuliers à une sorte d'esprit ou de caractère, qu'on va jusqu'à donner instinctivement une physionòmie à l'auteur inconnu dont on lit les ouvrages, à l'étranger qui nous écrit, aux dieux même qu'on adore.

Mais ce tableau vivant de la figure humaine, sont-ce les passions qui le dessinent et le colorient? oui assurément.

Chaque pensée qui s'empare de

l'esprit, toute passion qui nous émeut, modifie la voix, les gestes, l'attitude, et la figure plus que tout le reste. Notre physionomie change selon que nous sommes possédés et remués par la colère ou la joie, par la crainte ou l'espérance, par la générosité, la haine ou l'amour. Il est bien vrai que la face est composée d'os immobiles, étrangers à toute expression ; mais ces pièces inertes sont masquées par des muscles nombreux, eux-mêmes traversés par beaucoup de nerfs ; et ce sont ces muscles qui font de la physionomie un tableau mouvant où viennent se peindre toutes les affections de l'ame, tous nos désirs et nos passions. C'est là le miroir indiscret où se réfléchissent jusqu'à nos impressions les plus mystérieuses.

Tout cela est rapide et instantané, et n'a que la durée des passions qui nous agitent. Mais la répétition des mêmes pensées, produisant à toute heure un pareil retentissement sur nos traits, finit par y laisser des traces visibles et durables.

Chaque affection de l'ame est aussi fugace que les rides d'une onde pure que le zéphyr a doucement remuée : mais l'habitude des mêmes émotions grave sur la figure des empreintes aussi manifestes que celles que les flots de la mer produisent sur le sable de ses rivages.

Toutefois n'allez pas en conclure que toute pensée laisse des traces visibles sur la figure, ni que la physionomie soit une sorte d'album où viennent fidèlement se retracer toutes les manifestations de l'esprit et les

différents traits du caractère : non ;
il n'y a que les impressions vives de
l'ame qui aient cette propriété. Nous
avons souvent des pensées si mes-
quines, si indifférentes, qu'elles passent sans laisser de traces, comme
l'oiseau dans les airs, comme une
barque sur la mer. Il y a des individus impassibles que rien n'émeut et
dont la figure est constamment immobile. Aussi sont-ce des êtres sans
physionomie. Leur face est comme
une toile vierge où ne se dessine aucune passion, où n'apparaît aucune
peinture un peu caractérisée. Les
gens froids ont souvent, sous ce rapport, une malheureuse ressemblance
avec les imbéciles.

C'est ici le lieu de dire qu'il y a
dans chaque figure deux parties
très-distinctes, susceptibles d'éclai-

rer ou d'inspirer nos prévisions touchant des qualités morales de différents ordres.

Il y a d'abord *la partie immobile de la physionomie*, le vrai squelette de la face : c'est par cette première partie qu'on peut, jusqu'à un certain point, apprécier l'état de tout le corps (car tous nos organes s'enchaînent et se correspondent). La charpente osseuse de la face sert aussi à faire juger de l'étendue de l'intelligence , à raison des irrécusables rapports qui existent entre le crâne et la face, et parce que le cerveau est l'instrument de l'intelligence et lui est presque toujours exactement proportionné.

Quant à l'autre partie de la physionomie, celle-là est *mobile*, musculeuse et ridée ; elle donne la mesure des passions, indique les propensions de l'esprit et la tendance habituelle du caractère.

Il faut convenir que chacun de nous n'a pas la même habileté à interpréter les physionomies. C'est comme un tableau sans livret ni indication où chaque homme ne voit pas les mêmes objets, et où les esprits cultivés voient plus de choses que le commun des spectateurs.

D'ailleurs la dissimulation et la feinte rendent l'art du physionomiste souvent fort difficile. Certains hommes savent si bien cacher ce qu'ils éprouvent, d'autres simulent si parfaitement des sentiments qu'ils n'éprouvent pas, qu'il faudrait presque une sagacité devinatoire pour reconnaître un peu de vérité sur des figures si habiles à mentir. Voilà sans doute ce qui faisait dire à madame de Duras : « A présent, que je sais les figures si trompeuses, je ne crois plus qu'en l'accent des personnes. »

Disons cependant que les femmes ont bien plus de perspicacité que nous pour interpréter les physionomies. Elles distinguent mieux la feinte de la sincérité ; elles discernent toujours, presque sans erreur, les sentiments vrais et les passions, quelle que soit l'apparente indifférence dont on les voile. C'est d'ailleurs l'étude assidue de toute leur vie. Et puis, il est bien naturel qu'elles sachent analyser un tableau pour lequel l'amour a si souvent tenu la palette et fourni les premières couleurs.

La physionomie est donc un art où la plupart des femmes. les femmes

aimables surtout, sont des maîtres
consommés. Elles ont souvent aperçu
dans nos yeux la passion que le cœur
ne ressent pas encore, mais qui va
naître et le tourmenter. Elles étudient d'ailleurs si attentivement leur
propre physionomie; elles savent si
bien l'arranger, la rendre docile
à leurs desseins et leurs intérêts,
qu'il n'est pas étonnant que nous
restions, sous ce rapport, si au-dessous d'elles. Elles sont si habituées
à exprimer par le seul jeu de leur
figure ce que nous ne disons jamais
qu'en balbutiant, qu'elles savent de
bonne heure apprécier la discor-
dance où sont parfois et nos traits et
nos discours.

# CHAPITRE III.

## DE LA PHYSIONOMIE DES DIFFÉRENTES RACES DE L'ESPÈCE HUMAINE.

La différence proportionnelle du crâne et de la face est énorme, si l'on compare l'homme aux animaux les plus éloignés de lui ; elle est encore bien manifeste entre l'homme et le singe, celui de tous les animaux qui ressemble le plus à l'homme ; mais cette disproportion existe même entre les diverses races de l'espèce humaine.

*L'angle facial*, imaginé par Camper, sert à mesurer assez exactement le rapport du crâne et de la

face. Plus le front s'élève perpendi-
culairement et moins les mâchoires
font de saillie en avant, plus l'angle
facial est ouvert : il devient plus aigu
à mesure que le front s'abaisse en
arrière, et que les mâchoires s'al-
longent en avant ; et cette mesure
peut devenir en quelque sorte celle
de l'intelligence. Car on a reconnu
que la force et l'étendue des facultés
intellectuelles correspondent assez
parfaitement avec les degrés d'ouverture de l'angle facial.

Chez les peuples européens, cet
angle est de 85 à 90°. C'est parmi les
hommes de cette race que sont nés les
génies les plus fameux ; ils ont toujours paru les plus habiles et les plus
entreprenants des hommes; les autres
races ont toujours été ou instruites ou
subjuguées par eux.

Les Chinois, les Japonais et les autres hommes de la race mongole, se rapprochent beaucoup des Euro- péens, pour l'intelligence et la civilisation.

Chez eux l'angle facial n'est en général que de 80°. Il est encore moins ouvert chez les Caraïbes et les autres naturels de l'Amérique septentrionale ; la plupart de ces hommes sont encore dans l'état sauvage ; et, malgré leurs fréquents rapports avec la race des Européens, ils paraissent faire peu de progrès vers la civilisation.

Enfin, malgré tout ce qui a été dit en leur faveur, il est incontestable que les *Nègres* sont inférieurs, sous le rapport de l'intelligence, aux autres races de l'espèce humaine. Ajoutons cependant que tous les hommes, à quelque nation qu'ils appartiennent, ne sont que des variétés d'une même espèce : ils possèdent tous à peu près les mêmes facultés, lesquelles ne diffèrent chez chacun d'eux que par plus ou moins de développement, plus ou moins d'énergie. Et si les Nègres sont généralement moins bien partagés que les blancs sous le rapport de l'intelligence, il n'est pas rare de rencontrer parmi ceux-ci des individus moins intelligents que certains Nègres. Il n'y a pas, à beaucoup près, entre les deux races, cet intervalle immense qui sépare l'homme le plus dégradé de l'animal le plus parfait ; et peut-être la culture des facultés intellectuelles du Nègre finirait-elle, après plusieurs générations, par l'élever au rang de l'Européen.

Il est une autre variété de l'espèce humaine, celle des *Hottentots*, qui paraît encore plus disgraciée de la nature. Ces sauvages semblent tenir le milieu entre l'homme et les premiers singes. Chez le *Nègre*, l'angle facial est de 75°, il n'est plus que de 70° chez le Hottentot. On a vu à Paris une femme de cette race, que l'on montrait au public sous le nom de *Vénus Hottentote ;* quoiqu'elle eût quitté depuis long-temps ses forêts, et qu'elle vécût au milieu des peuples les plus civilisés de la terre, on a pu voir combien son intelligence était bornée, et combien cette face allongée et stupide différait de la physionomie spirituelle des femmes de l'Europe.

Le plus ou moins grand développement du crâne, la hauteur et la

saillie plus ou moins considérable
du front , forment le caractère essentiel des différentes races d'hommes;
mais on observe encore, dans la disposition des parties qui composent la
face, aussi bien que dans les traits du
visage, des différences qui donnent à
chacune de ces races une physionomie particulière. Les Chinois et les
Tartares de la race mongole ont les
yeux écartés et placés obliquement ,
les joues larges et saillantes , le nez
écrasé, et les narines très-ouvertes ;
la face entière a la forme d'un losange,
parceque le crâne se termine presque
en pointe comme le menton.

Tout le monde connaît la physionomie des Nègres : ils diffèrent autant des Européens, par les traits du
visage, que par la couleur de la peau.

Les Européens se distinguent en général par la petitesse de leurs mâchoires, l'étendue de leur front, la saillie de leur nez, l'ovale parfait de leur visage, la délicatesse et l'expression fine de leurs traits. C'est parmi les hommes de cette race que l'on peut trouver les modèles encore subsistants de ces chefs-d'œuvre qui ont immortalisé les sculpteurs de l'antiquité. On peut voir dans quelques-unes des statues grecques, parvenues jusqu'à nous, le type de la beauté chez l'homme ; le front haut et saillant, le visage droit et la bouche rentrante que les artistes grecs ont donnée au père des dieux ; ce sont là les caractères de la physionomie la plus majestueuse et la plus intelligente.

# CHAPITRE IV.



L'examen des traits de la face
peut non-seulement servir à reconnaître les principales races de l'espèce humaine, il peut encore faire
distinguer entre elles les diverses
nations. Parmi les Européens, par
exemple, tout le monde sait que
chaque peuple a une physionomie
particulière ; la vivacité, la gaieté
ingénieuse du Français, se peignent
sur sa figure ; l'orgueil et la fermeté

sont empreints sur celle de l'Anglais. On reconnaît de même la bonhomie de l'Allemand, la fierté de l'Espa- gnol, la finesse de l'Italien.

Au premier coup d'œil, personne ne confond l'œil noir et vif, le teint basané, les traits hardis et prononcés de l'habitant du midi, avec la face bouffie, l'œil bleu et insouciant, les traits sans expression du Hollandais.

Comparez la physionomie calme, le regard ferme de l'Américain, avec les traits grimaciers et le regard oblique de l'Italien ; comparez, toujours sous de pareils rapports, les sujets du Pape à ces anciens et vaillants Romains con- quérants du monde, et vous verrez quel caractère l'esclavage ou la liber- té, le fanatisme ou la philosophie, sa- vent imprimer aux faces humaines.

Le visage de l'habitant de la campagne se distingue même de celui de l'habitant des grandes villes. Le premier, plus exposé aux intempéries de l'air, mais moins agité en général par les passions, a des traits durs, fortement prononcés, peu mobiles et peu expressifs. Le citadin, au contraire, presque toujours abrité du soleil et du vent, a la peau du visage fine, pâle, et susceptible de se colorer rapidement sous l'influence des émotions morales : incessamment remués par toutes les passions de l'homme civilisé, ses traits en conservent l'ineffaçable empreinte. C'est dans les grandes villes que l'on observe la plus grande diversité de physionomies. Dans les campagnes, presque tous les visages, brûlés par le soleil, ont quasi la même expression ; dans les villes, au contraire, chaque homme a une physionomie particulière.

En général, plus la civilisation a fait de progrès chez un peuple, plus les traits de sa physionomie sont délicats et expressifs; et cela doit être ainsi : L'activité des facultés intellectuelles agite sans cesse les parties du visage qui leur servent d'interprètes; les nerfs et les muscles qui leur donnent le mouvement se fortifient par l'exercice, ainsi que les autres organes. Le jeu de la physionomie se perfectionne comme l'art de la parole; ainsi que le langage, il devient plus riche et plus varié à mesure qu'on en fait un plus fréquent usage.

L'homme civilisé, obligé, dans ses relations sociales, de varier à chaque instant l'expression de son visage, finit par lui donner une mobilité extrême ; l'expression de ses yeux, les mouvements de sa bouche, deviennent chez lui un langage plus prompt, et souvent plus significatif que la parole même.

Ce que l'on craindrait de dire par des mots, on l'exprime par un regard : un sourire est souvent plus éloquent qu'un long discours : des yeux qui se comprennent en disent plus que le plus aimable langage, et ils le disent mieux. C'est un parler franc et rapide qui n'a, ni les embarras de la syntaxe, ni les précautions détournées d'une vaine rhétorique.

Mais si l'homme sait parler avec son visage, quand il veut aussi, il sait le rendre muet. Tout le monde, cependant, n'est pas assez maître de soi pour ne pas laisser lire sur sa figure les émotions qui l'agitent intérieurement. Il est remarquable que les hommes qui ont su prendre le plus d'empire sur eux-mêmes, se trouvent aux deux extrémités de la civilisation : ou parmi ceux que la fortune et l'éducation ont placés au premier rang chez les peuples civilisés, ou bien parmi les hommes encore sauvages.

Les courtisans, les diplomates, tous ceux qui vivent dans un monde où il est dangereux de laisser transpirer les passions dont l'ame est agitée, ceux-là ont appris à rendre leurs traits immobiles : le visage n'est plus chez eux le miroir de l'ame ; c'est comme une glace dépolie, qui ne laisse pas apercevoir les objets placés derrière elle, et qui ne réfléchit plus l'image des objets qui l'environnent. C'est d'un célèbre diplomate que l'on a dit :

« que son visage était de plâtre, et
que si on lui donnoit un coup de pied
par derrière, celui qui lui parlerait
en face ne s'en apercevrait pas. »

Un grand nombre de peuples encore sauvages, et en particulier les naturels de l'Amérique septentrionale,
savent conserver un visage impassi-
ble dans les moments où ils doivent
être le plus vivement émus. Ce
n'est point la crainte qui leur fait
prendre sur eux un tel empire, c'est
un courage superstitieux, une sorte
de point d'honneur : Ils regardent
comme indigne d'un homme de
laisser voir sur le visage les traces de
l'émotion qu'il éprouve : le bonheur
le plus inattendu, la douleur la plus
vive, n'ont pas le pouvoir de remuer
une seule fibre de leur visage.

S'ils revoient tout-à-coup un fils

qu'ils croyaient mort, ils lèvent à peine les yeux sur lui, et continuent de consumer tranquillement leurs éternels cigarres, sources inépuisables d'indifférence et de volupté. Ce n'est qu'après un certain temps qu'ils commencent à interroger le survenant avec calme sur les circonstances de son départ et l'objet de son absence. Si le sort des armes les a fait tomber entre les mains de l'ennemi, attachés au fatal poteau où ils sont torturés avec tout le raffinement d'une cruauté détestable, ils entonnent eux-mêmes l'hymne de mort ; ils s'entretiennent sans efforts ni préoccupation avec leurs bourreaux dans les intervalles du supplice, et conservent jusqu'au dernier soupir un visage aussi serein que s'ils étaient au sein du conseil de leur nation.

Les peuples qui vivent isolés, sans former d'alliance avec les étrangers, ceux dont les mœurs ont conservé long-temps leur antique simplicité, sont remarquables par une physionomie particulière qui se transmet de génération en génération. Les Juifs présentent un exemple frappant de cette physionomie héréditaire : un observateur un peu attentif peut facilement reconnaître, au premier coup d'œil, un individu de cette nation ; on retrouve encore sur leurs visages les traits ambigus et froncés des anciens habitants de la Palestine.

Les Suisses et les Écossais ont conservé long-temps aussi, avec leurs mœurs patriarcales, des traits nobles et caractéristiques.

Dans chaque nation même, les habitants des différentes provinces ont une physionomie qui leur est propre; on confond rarement en France les Provençaux avec les Normands, ou les Picards avec les Gascons : il en est de même chez les autres nations.

# CHAPITRE V.

## DIFFÉRENCE DE LA PHYSIONOMIE DANS LES DEUX SEXES.

Ainsi l'étude de la physionomie peut servir à distinguer les variétés de l'espèce humaine, les nations entre elles, et les uns des autres, les principaux groupes d'une même nation ; mais ce n'est pas tout. On distingue de même, aux seuls traits du visage, un homme de tous les autres hommes : on parvient à connaître, par la seule inspection de la figure, le sexe, l'âge, le tempérament, et, jusqu'à un

certain point, le caractère et les facultés intellectuelles.

Les traits de l'homme ne sont pas
les mêmes que ceux de la femme :
chez celle-ci le front est peu étendu ;
tous ses traits sont moins prononcés,
plus délicats ; sa peau, plus fine, n'est
pas couverte de poils rudes comme
chez l'homme. Toutes les parties de
la face ont, chez la femme, une sou-
plesse et une mobilité qui lui permet-
tent de varier presque à l'infini le
jeu de sa physionomie ; et certes elle
sait bien mettre à profit cet avantage
naturel ! Une femme de nos grandes
villes, une Parisienne, sait exprimer
tous les sentiments par ses regards,
surtout par son sourire, sans le secours de la parole. Presque toutes les
femmes, sous ce rapport, sont naturellement un peu actrices ; elles ont

une facilité merveilleuse pour donner à leur visage, au premier commande-ment, la physionomie de toutes les passions. On peut voir jusqu'où peut aller leur talent pour la mimique, par ce jeu si vrai, si juste et naturel, des actrices que nous admirons, ou qu'applaudirent nos pères. Mais toutes les femmes, heureusement, ne portent pas les choses si loin.

La femme semble avoir reçu en esprit et en finesse, ce qui lui manque en force et en courage. L'homme porte sur son visage l'empreinte des passions qui l'agitent et souvent le gouvernent; mais la femme sait les déguiser sous l'apparence de la sérénité ou de l'indifférence. Elle peut simuler aussi (il faut bien le dire) les passions qu'elle ne ressent pas; elle les dissimule, d'après ses intérêts, son caprice, ou les convenances du monde. On prétend qu'elle sait même trouver des larmes où n'est pas la vraie douleur ; si la chose est réelle, il faut convenir que ce doit être pour elle un puissant moyen d'attaque ou de défense. La volonté de l'homme ne va pas jusque-là.

Quelques femmes ont un visage mâle, des yeux hardis, des traits rudes et prononcés. Celles qui offrent cette ressemblance extérieure avec l'homme, ont ordinairement aussi ses goûts et son caractère : elles méprisent la timidité de leur sexe ; et, si elles ont formé des nœuds indissolubles, il faut bien, bon gré malgré, que leur déplorable époux leur cède en toutes choses le commandement et l'autorité. Il est vrai qu'un pareil caractère préserve de ses plus grands dangers, précisément à cause

des traits peu séduisants qui le dé-
cèlent.

Quelquefois c'est l'homme qui offre les traits efféminés de l'autre sexe;
ce qui se reconnaît à son teint pâle ou
doucement rosé, fade ou délicat, à
son menton sans barbe, à son regard
doux et timide, à sa voix perçante ou
mal assurée. Un tel homme a tous les
vices moraux dont une pareille ambi-
guité physique est l'annonce ou plutôt la menace. L'homme ainsi fait est
femme en tout, hormis les qualités,
les agréments, et les vertus.

Tel est le véritable aspect de ces
êtres qu'une opération barbare a réduits à la plus humiliante condition :
honte d'un sexe, ils subissent le mépris de l'autre.

Telle est encore la physionomie
de ces hommes qui ont adopté les

goûts et les occupations de l'autre sexe ; nous parlons des *fashionables*, des *dandys* et petits-maîtres de toutes les nations ; vrais eunuques moraux, qui, tout en conservant à peu près les attributs physiques de l'homme, ont décidé de copier exclusivement, et à la lettre, tout ce que la partie la moins estimée de l'autre sexe a de défauts et de ridicules.

Chez les peuples encore sauvages, où les femmes ont les plus rudes travaux en partage, où les hommes ont peu ou point de barbe, où l'habitude de se peindre et de se tatouer le visage a détruit les nuances et la délicatesse de la physionomie, il est difficile de saisir quelque différence un peu notable entre les traits des deux sexes. Cette ressemblance entre le visage de l'homme et celui de la femme se retrouve même parmi les nations civilisées, et jusque chez nos paysans nn peu grossiers. Sans le costume différent des hommes et des femmes, il ne serait pas toujours possible de reconnaître parmi certains visages brûlés par le soleil ceux qui appartiennent naturellement à ce que l'on appelle ailleurs le *beau sexe*.

# CHAPITRE VI.

## DE LA PHYSIONOMIE SELON LES AGES, LES PROFESSIONS, ETC.

Il est également assez facile de découvrir sur le visage les traces des années. Chaque homme porte avec lui son acte de naissance. En vain le voit-on chercher à se faire illusion à soi-même, et à tromper autrui sur sa jeunesse factice; en vain la femme, qui voit s'enfuir, avec ses charmes, et l'amour et les plaisirs, s'efforce-t-elle de cacher les ravages du temps : elle voudrait rendre à ses yeux leur éclat, à son teint sa fraîcheur ! mais elle a beau s'imprégner d'essences précieuses et se tatouer de carmin, le temps n'en grave pas moins sur ses traits, jadis si gracieux, ses outrages irréparables. A peine si tant de soins et de minutieux mensonges peuvent retenir quelques années de plus à ses pieds ses adorateurs les plus intrépides. La jeunesse une fois écoulée, adieu l'amour ! le fard l'épouvante, les rides le chassent.

L'âge apporte de grands changements dans toutes les parties du corps ; mais ces changements sont plus marqués à la face que partout ailleurs. Les tissus qui la composent changent à la fois de forme, de volume, de consistance et de couleur. Le visage de l'enfant est court et élargi ; son front est saillant ; ses joues, formées de deux pelotons de graisse, ne sont creusées d'aucun sillon ; la peau en est douce, tendue et rosée : les lèvres sont fraîches et vermeilles. Tant de contours arrondis donnent à cet âge un air riant et gracieux : aussi est-ce sous les traits de l'enfance que les peintres et les poètes représentent l'amour, l'innocence et la gaieté.

Tout annonce chez l'enfant la vie, la santé, le bien-être ; mais on ne découvre encore, sur son visage, rien qui annonce l'empire des passions. Les muscles et les autres parties de la face, qui doivent donner par la suite de l'expression à la physionomie, existent pourtant déjà ; mais ce sont des instruments encore inertes à qui de nouvelles années donneront de l'emploi.

C'est à l'âge de la puberté que la

face éprouve les changements les plus sensibles et les plus importants; la physionomie prend alors un nouveau caractère. Chez l'homme, à cette époque, tous les os de la face prennent un accroissement considérable; le nez s'allonge, les joues se creusent et perdent leur forme arrondie; la barbe commence à paraître sur le menton et les côtés du visage. Jusque-là les deux sexes avaient à peu près la même physionomie; celle de l'homme change alors absolument, tandis que la jeune fille garde encore, et conservera durant toute la jeunesse, la forme gracieuse de l'enfance : elle perd, il est vrai, pendant un certain temps, la fraîcheur de son teint et le contour si gracieux de son visage; mais bientôt ces premiers avantages

reparaissent avec de nouveaux em-
bellissements.

L'œil du jeune homme devient
fier, quoique encore peu assuré ; son
visage s'allonge et pâlit ; ses traits ne
sont plus ceux de l'enfant et ne sont
pas encore ceux de l'homme fait.
Pendant quelques années la physionomie du jeune homme conserve le
même vague que son caractère ; son
visage présente, il est vrai, par intervalles, l'image encore indécise
des passions qui fermentent dans
son sein. Ce n'est alors qu'un éclair
passager ; et ces courts orages font
promptement place à la sérénité du
premier âge, sans laisser à leur
suite ni nuages ni tempêtes. Mais
peu à peu les traits se prononcent et
se dessinent davantage ; les passions
dominantes laissent diverses traces

qui attestent leur règne commencé : d'abord légères et fugitives, ces empreintes deviennent plus profondes, et finissent par rester ineffaçables.

C'est une loi générale de l'organisation que plus l'usage d'une partie est fréquent, plus cette partie prend de force et de volume : il doit donc arriver que les muscles du visage le plus fréquemment mis en jeu, par telle ou telle passion, deviennent les plus manifestes et les plus actifs; or ce sont ceux qui, placés sous la peau, forment les saillies et les enfoncements de la face.

Effectivement, c'est aux muscles, à cause des mouvements qu'en reçoivent et la peau et les lèvres, c'est aux muscles que la physionomie doit sa principale expression. Si les passions tristes sont prédominantes, le visage finit par conserver l'empreinte de la tristesse ; son aspect est riant, au contraire, si les traits ont été long-temps soumis à l'influence des impressions gaies. C'est de la même manière que le courage et la timidité, la fierté et la modestie, toutes les passions, en un mot, et toutes les affections de l'ame, finissent par laisser sur le visage des traces plus ou moins profondes, plus ou moins durables.

Telle est la marche ordinaire de la nature : vers trente ans environ, les traits, dont alors le développement est achevé, sont moins mobiles et plus prononcés ; c'est alors que la physionomie a tout-à-fait pris le caractère propre à la race, à la nation, ainsi qu'au tempérament et à l'humeur de chaque individu.

Jusqu'ici la face de l'homme n'avait été que gracieuse, fraîche, ou jolie ; elle devient belle alors, parce qu'elle porte l'empreinte irrécusable de l'intelligence, le cachet de la raison. Quelques hommes conservent toujours les formes arrondies et les traits peu saillants de la jeunesse ; ce sont ordinairement des personnes peu susceptibles d'émotions profondes, plus sensibles aux plaisirs des sens qu'aux jouissances intellectuelles : en voyant leur visage charnu, sanguin, vasculeux et fleuri, on peut dire en général que les grandes passions leur sont étrangères ; car les passions sont grimaçantes de leur nature, et leur passage fréquent est toujours marqué par des rides.

Si, presque toujours, la physionomie prend ainsi peu à peu son caractère par le développement naturel des parties de la face, et sans que la volonté y contribue aucunement, souvent aussi, par les changements réels qu'il imprime volontairement à son visage, tout homme parvient à donner à sa physionomie une expression déterminée , mais factice et mensongère.

Les peuples sauvages, avons-nous dit, se peignent la figure de différentes couleurs; et, par les dessins variés qu'ils y tracent tour-à-tour, ils savent se donner, tantôt une physionomie de paix, tantôt une physionomie de guerre ; chaque peuplade adopte même un dessin particulier, qui lui sert au premier coup d'œil à se distinguer des autres.

Chez les peuples civilisés, ce sont les femmes surtout, et quelques hommes peu différents des femmes par leurs goûts, qui fardent leur visage, se teignent les sourcils et la barbe, et emploient divers moyens analogues pour changer l'expression de leur physionomie. Mais il est des hommes qui changent du tout au tout et subitement leur figure, sans recourir à aucun secours étranger, à cause de la direction arbitraire et diversifiée qu'ils donnent à leurs traits toujours si dociles et si changeants.

On sait comment les acteurs peuvent ainsi changer à volonté l'expression de leur visage ; comment ils lui donnent tour-à-tour l'apparence de la joie ou de la tristesse, de l'amour, de la fureur et des différentes passions : ils prennent un nouveau visage à chaque rôle nouveau qui leur est confié ; et, sous ce rapport, chacun de nous, tout en se

proclamant sincère, est presque toujours un peu acteur dans le monde.

Ces changements de physionomie
ne sont que momentanés ; ils dépendent de la vivacité des passions et de
la mobilité des traits. Mais on peut
aussi, par une volonté ferme et persévérante, par une extrême attention
sur soi-même, parvenir à donner à la
physionomie un caractère déterminé
et permanent.

Ainsi l'homme de cour sait se faire
un visage qui, dans les circonstances
les plus fâcheuses et les plus impré-
vues, conserve toujours sa riante immobilité.

La majestueuse figure du magis-
trat doit retracer l'impassibilité de
la loi.

Le médecin finit par communiquer
à son visage, souvent même jusqu'à

l'excès, jusqu'au danger, une expression sérieuse et grave, en rapport avec les scènes malheureuses dont il est journellement acteur ou témoin. Mais il devrait dépouiller cet air de tristesse en abordant ses malades.

L'homme de guerre le moins brave, et celui-là surtout, affecte un air audacieux et fier : vous le voyez poignarder de son regard ceux qu'épargne son épée bienveillante.

Le fripon, qui fait de la duperie le fondement de son infâme fortune, donne à sa physionomie un séduisant caractère de bonhomie et de simplicité.

L'homme d'état, qui daigne laisser à ses commis l'embarras des affaires, voulant du moins paraître en soutenir le fardeau, travaille sa figure, la rend grave et pensive, et semble ainsi toujours plongé dans de profondes méditations. Toutefois il pense, mais à sa fortune; il est fatigué, mais d'intrigue.

Chaque classe de la société, chaque profession, revêt ainsi une physionomie particulière, et c'est là ce que les peintres de genre et les faiseurs de caricatures n'ont pas manqué de remarquer et de saisir. A Paris, un observateur exercé ne confond pas l'habitant du noble quartier Saint-Germain avec l'élégant de la Chaussée-d'Antin, le rentier du Marais avec le marchand petit-maître de la rue Vivienne, ni le jeune homme des faubourgs avec l'étudiant du quartier Latin : chacun a sa physionomie, comme son accoutrement et sa contenance.

Chaque âge a donc, disons-nous, sa figure distinctive. Toutefois il faut remarquer que, dans l'enfance, la physionomie n'existe pas encore; les passions ne l'ont pas encore créée, les diverses parties de la face n'ont pas acquis le développement convenable à l'usage qu'elles doivent remplir. A l'autre bout de la vie, dans la vieillesse, la physionomie n'existe plus; soit que les passions, alors affaiblies, n'aient plus besoin d'interprètes, soit que les traits endurcis du visage ne puissent plus obéir à celles qui survivent encore. Les yeux dès-lors perdent leur éclat et leur vivacité; la peau du visage, sèche et ridée, conserve dans tous les moments la même teinte; les muscles ont perdu leur force et leur mobilité : d'où il résulte que tous les traits sont affaissés, attirés vers le menton ; et cela même donne à la face un air de tristesse, de plainte et de mauvaise humeur.

Les contours arrondis et gracieux de l'enfance sont insensiblement remplacés par les formes moins douces mais plus belles et mieux prononcées de l'âge mûr; et l'on ne retrouve plus chez le vieillard que des formes dures et anguleuses.

L'enfant ne sait que rire et pleurer; l'homme adulte laisse voir sur son visage, et la satisfaction de l'amour, et l'anxiété de l'ambition, et les élans du courage; tandis qu'on ne lit plus sur la figure du vieillard que la tristesse, l'indifférence ou l'abattement. Tout le reste est effacé, ou du moins illisible.

La mort enfin détruit entièrement l'expression de la physionomie : on ne voit plus, même chez un moribond, que la toile sans couleur ni dessin de l'ancien tableau.

Il en est de même chez les malheureux que l'on conduit au supplice : quoiqu'ils soient encore pleins de vie, l'agonie morale qu'ils endurent a donné à leur visage l'affreux aspect de la mort.

# CHAPITRE VII.

## DE LA PHYSIONOMIE SELON LES TEMPÉRAMENTS.

Il existe dans chaque homme une disposition particulière des organes, un certain accord, une subordination de parties, qui se divulguent par les traits de la face encore mieux que par le reste du corps. C'est à ces diverses combinaisons d'organes, dont la proportion et l'influence varient en chacun de nous, que l'on a donné le nom de *tempérament*.

6

La connaissance des tempéraments importe surtout au médecin; mais elle n'est indifférente ni au physionomiste ni au moraliste. Le tempérament, en effet, exerce son influence, non-seulement sur la santé, mais encore sur l'intelligence, sur les passions et le caractère. Notre organisation physique modifie le moral presque autant que les circonstances au milieu desquelles se passe la vie.

Notre misérable esprit est sans cesse impressionné par notre structure matérielle et périssable, aussi bien que par les hommes et les choses dont nous vivons entourés.

Avec des penchants et des aptitudes natives à peu près semblables, deux hommes de différent tempérament agissent et pensent d'une manière contrastante : c'est que le cerveau, l'un des organes du corps et l'instrument visible des pensées, se trouve modifié et diversement influencé par les organes qui l'accompagnent et le secondent : c'est une sorte de société à l'action de laquelle il ne saurait se soustraire, pas plus que l'homme même ne peut échapper à l'influence des autres hommes ses compagnons habituels.

L'influence du physique sur le moral est bien plus puissant encore lorsque les organes sont douloureux, que le corps est souffrant et malade.

Étudions donc les tempéraments, leurs caractères, leur physionomie, et leur influence sur l'esprit et l'humeur.

Celui de tous qui s'annonce au dehors par les plus brillantes apparences est le tempérament sanguin.

On le rencontre principalement chez les personnes dont la santé est florissante, chez les jeunes gens, et généralement chez ceux qui vivent avec douceur, sans peine, sans inquiétudes ni soucis, au sein d'une société civilisée et sensuelle; plus ordinairement chez les hommes que chez les femmes.

Les hommes, en qui ce tempérament prédomine, ont le visage plein, le teint fleuri, les lèvres fraîches et vivement colorées, des dents belles et placées avec ordre. Leurs cheveux blonds ou d'un châtain-clair, sont ordinairement touffus et bouclés; leurs yeux, presque toujours de couleur bleue, expriment la gaieté et le goût des plaisirs, et peut-être aussi un peu d'aimable insouciance. De l'ensemble de ces différents traits résulte une physionomie riante, une figure fran-

che et ouverte, un air de bonheur,
de contentement, et de volupté.

C'est parmi les militaires qu'on
trouve le type, le modèle le plus parfait du tempérament sanguin : fous
des plaisirs et des combats, ne se plaisant qu'au milieu de l'agitation et du
bruit, peu réfléchis, peu penseurs,
mais actifs et résolus ; sans souci de
l'avenir, n'estimant la vie que par les
plaisirs, toujours prêts à la sacrifier
tout entière pour une nuit de bonheur, comme à faire sabrer une armée
pour un drapeau ; confiants et sans finesse, prompts à s'irriter comme à
pardonner ; en un mot braves et bons,
mais inconstants et vains : tels étaient
ces vaillants colonels de l'empire que
l'on présenta depuis sur la scène
comme des modèles accomplis d'honneur et d'aimable folie.

6.

Les hommes de ce tempérament n'ont pas ordinairement de passions très-énergiques, ni de talents bien supérieurs ; ils semblent nés pour la vie active, mais commune ; pour penser moins que pour sentir.

Le tempérament nerveux ou mélancolique peut en quelque sorte servir de contraste au précédent. Autant la face du sanguin annonce la légèreté, la franchise et la joie ; autant celle du mélancolique montre de profondeur et de morosité. Chez celui-ci, la peau du visage est blême, les joues creuses, les lèvres minces et pincées, les yeux ordinairement d'une couleur foncée, les cheveux bruns et peu fournis : leur regard est spirituel et fin, leurs traits ont une grande mobilité. L'expression générale de leur physionomie est pensive et sérieuse, ou méchante et rusée : c'est un composé d'intelligence et de douleur.

Ce qui distingue surtout les personnes d'un tempérament nerveux, c'est leur extrême sensibilité ; tout ce que leur caractère offre de saillant et de distinctif, résulte de cette qualité portée à l'excès.

Plus vivement émus que les autres hommes à la vue des injustices et des misères humaines, ils sont inquiets, chagrins et frondeurs. Si la nature les a doués du génie poétique, ils emploient les trésors d'une imagination inépuisable à peindre des plus sombres couleurs la destinée de l'homme ; ils poursuivent d'une ironie amère les préjugés et les vices du monde ; ils fustigent d'un *vers sanglant* tout ce qui froisse leur ame irascible et fière : ce sont des *Gilbert,* des *Byron* ou des *Pascal.*

Ont-ils reçu le germe des grandes passions, ils en portent le développement jusqu'au plus haut degré d'exaltation et d'énergie. C'est parmi eux que se trouvent les fanatiques de religion ou de liberté, les *Brutus,* les *Ravaillac,* les *Sand,* ou les *Cobbet.*

Cette extrême sensibilité leur rend insupportables les convenances et les devoirs de la société ; ils cherchent la solitude et se concentrent en eux-mêmes. Leur éloignement du monde les expose à beaucoup d'injustices, d'erreurs, et de paradoxes.

Ce tempérament est celui d'un grand nombre de gens de lettres et de savants. Ceux même qui ne l'avaient pas reçu de la nature, plus tard, par une extrême contention d'esprit, par une vie sédentaire, solitaire et inactive, finissent par acquérir cette sensibilité quasi maladive, qui constitue le tempérament nerveux : on devient mélancolique comme on devient malade.

C'est le tempérament le plus répandu parmi les hautes classes des peuples civilisés. Les hommes qui en sont doués paraissent destinés à la vie contemplative, et sont des penseurs. L'homme qui pense est naturellement conduit à la mélancolie ; c'est à ce point, que poète et philosophe seront bientôt synonymes de mélancolique.

Le tempérament nerveux est celui de beaucoup de femmes, dans les grandes villes surtout, et parmi celles qui n'ont à s'occuper que de leurs plaisirs et de leur santé, moyen sûr de conquérir des maladies et l'ennui.

Mais elles n'ont en général que la délicatesse et la mobilité fantasques, caractérisant cette constitution, sans en avoir l'exaltation intellectuelle et l'énergie. Capricieuses, légères, elles se passionnent pour l'objet le plus frivole ; elles rient ou elles pleurent à tout sujet et souvent sans sujet. C'est chez elles que l'on observe cette affection *endémique* des boudoirs, les *vapeurs*, produit constant d'une ennuyeuse oisiveté, et d'une sensibilité maladive. Ne sait-on pas, en effet, que ceux pour qui le plaisir et les jouissances sont l'unique affaire de toute la vie, s'ennuient toujours, hormis dans les moments si courts de la volupté ou des bruyantes distractions ; et que ceux qui s'occupent sans cesse de leur santé sont toujours malades ou languissants.

Le tempérament bilieux appartient, au contraire, à l'homme presque exclusivement ; c'est même cette sorte de complexion qui donne l'aspect le plus mâle et le plus vigoureux. Les traits du bilieux sont prononcés et durs ; ses yeux vifs, son regard assuré, sa lèvre inférieure souvent plus avancée que la supérieure ; tout cela exprime du dédain et de la fierté. Son teint est brun ou jaunâtre, sa barbe épaisse et rude ; la peau du visage qui couvre immédiatement les os et les muscles, reproduit la forme des premiers, et laisse apercevoir tous les mouvements des autres. Presque jamais, parmi les hommes de ce tempérament, vous n'observerez de physionomie gracieuse et calme, rarement un visage ouvert et prévenant ; l'expression la plus ordinaire de leur figure est l'assurance et la fermeté; quelquefois aussi la rudesse et la violence.

Quelles que soient leurs facultés morales et intellectuelles, les hommes de ce tempérament les exerceront toujours avec énergie, avec opiniâtreté. Le sanguin peut se distinguer sur le champ de bataille par une brillante valeur ; tel on a vu le chevaleresque Murat chargeant à la tête de ses escadrons. Mais le bilieux affronte les dangers avec une froide intrépidité, et poursuit ses desseins avec une persévérance inébranlable : c'est le jeune Bonaparte, qui, l'œil fixé sur son étoile, invisible pour tout autre que pour lui, s'avance d'un pas ferme jusqu'au commandement suprême, brave bientôt le pouvoir établi qu'il servait, humilie des envieux impuissants ; surmonte tout : obstacles, ennemis, fatigues ; enfin s'empare fièrement du trône, superbe objet de tous ses vœux, but et récompense d'une vie jusqu'alors pleine de gloire, et le seul piédestal digne de son génie.

Si quelques hommes paraissent nés pour conduire leurs semblables et leur commander, c'est surtout parmi les bilieux qu'il les faut chercher. L'homme de ce tempérament est capable des plus grands crimes comme des vertus les plus sublimes. « Je ne crains pas, disait César, les figures brillantes et fleuries des *Antoine* et des *Dolabella*; mais j'ai en aversion ces faces maigres et hâves des *Cassius* et des *Brutus*: » et l'on sait par quels poignards ce grand homme s'est vu frapper.

Le dernier tempérament qu'il nous reste à examiner, le *lymphatique*, est celui qui s'annonce sous l'apparence la plus chétive. Cette sorte de complexion peut même être regardée comme un commencement d'état maladif ; il est du moins incompatible avec l'exercice plein et libre des fonctions vitales et intellectuelles. Ici, tous les traits annoncent une faiblesse inhérente à toute la constitution : la peau du visage est pâle et transparente, les yeux ont une couleur tendre, peu d'éclat, peu de vivacité ; les lèvres sont gonflées, surtout la supérieure ; les dents, d'un blanc bleuâtre, sont irrégulièrement rangées ; blonds ou châtains, les cheveux sont rares et plats, la barbe existe à peine : tous les traits sont comme empâtés ; le regard, doux et morne, ne s'anime presque jamais ; la physionomie enfin n'exprime guère que la mollesse et l'apathie.

Comment, sous l'influence d'une pareille constitution, l'homme pourrait-il déployer quelque énergie ? Tous les organes participent de la faiblesse générale : les facultés intellectuelles et morales sont aussi débiles que le reste, et si elles conservent encore quelque énergie, elles n'ont pas d'instruments capables de les seconder. Les hommes de ce tempérament sont donc naturellement inactifs et timides. Le moindre travail les fatigue, l'embarras le plus insignifiant les inquiète et les tourmente ; ils ne cherchent que repos et tranquillité ; ils sont incapables de toute entreprise ou grande ou un peu hardie. L'ambition, ils l'ignorent ou la dédaignent : ils sont indifférents à l'extrême ; mais surtout à la fortune, aux honneurs : ils se contentent de végéter où le ciel les a fait naître. Comme ils sentent leur faiblesse, et que le moindre danger les rebute ou les effraie, ils sont craintifs, doux et résignés; ils supportent les maux avec patience, plutôt que de s'en délivrer par un courageux effort. Le repos du moment leur est plus cher que tout un siècle de gloire, s'il la faut acheter par quelques dures fatigues.

Quelques hommes ont reçu ce tempérament avec la vie, et le conservent jusqu'au terme d'une assez longue existence; mais souvent il se développe accidentellement chez des personnes exposées à des influences insalubres, à des causes de maladies; ou bien chez des convalescents, chez ceux qui ont détérioré par des excès de toute espèce, une constitution originairement bonne. Ce sont en particulier les gens sanguins qui fournissent le plus d'exemples de cette transition malheureuse d'un tempérament à l'autre, et c'est alors surtout que l'on peut le mieux apprécier l'influence que le tempérament exerce sur le caractère moral : tel homme qui, avec les attributs de la complexion sanguine, se montrait vif, actif, brave et joyeux, devient lent, apathique, timide et morose, alors que les excès et la maladie l'ont réduit à la faiblesse du tempérament lymphatique ; et cependant ses facultés intellectuelles et morales n'ont pu changer dans ce qu'elles ont d'essentiel.

Le tempérament lymphatique est assez commun parmi les femmes ; chez elles il est plus en rapport avec le caractère et les facultés de l'esprit. Il est moins souvent le résultat d'une détérioration, et peut très-bien se rencontrer avec tous les indices d'une santé parfaite.

Puisque le rôle le moins actif avait été départi à la femme, dans le drame si compliqué de la vie; puisque la douceur, puisque la patience et la timidité, devaient être pour elle des qualités plus nécessaires que la force et la hardiesse, il convenait que son tempérament se trouvât en harmonie avec ces dispositions morales.

On doit cependant distinguer chez la femme deux espèces de constitution lymphatique : les traits caractéristiques de l'une ont été décrits plus haut; ils sont surtout bien évidents à l'époque de la vie où la physionomie de la femme prend sa forme et son expression définitives, et ils n'éprouvent après cela que les changements ordinaires que l'âge amène. L'autre espèce se distingue par des phénomènes plus insolites : c'est parmi les jeunes filles de quinze à vingt-cinq ans que l'on observe cette sorte de tempérament lymphatique. A cet âge, et plus souvent aux champs qu'à la ville, on voit de grosses ménagères à joues plus que rebondies, et dont les mains sont énormes et souvent gercées, la physionomie immobile, terne et sans expression ; l'esprit, aussi matériel que le reste, n'a chez elles ni grâce ni lumière, et semble inaccessible aux impressions des sens aussi bien qu'à la pensée. Mais laissez venir l'amour ! attendez quelques mois de mariage ou de galanterie ! laissez agir l'espérance et régner un peu le bonheur ! et bientôt vous chercherez vainement, sur ces figures, l'air ébahi de la sottise, le teint plombé de l'inertie ; vous n'y voyez plus que lis et roses : devinez d'où vient ce changement ? Cette intéressante révolution, le bon La Fontaine et Favart en ont fait l'histoire ; mais j'aime mieux en suivre les différentes phases dans le joli roman de M. Fiévée, *la dot de Suzette.*

Si l'homme d'un tempérament sanguin paraît né pour le plaisir, l'inconstance, pour la vie active et aventureuse ; si l'homme nerveux est plus particulièrement appelé à briller par son esprit, à tenir le premier rang dans les sciences et dans les arts ; si les vertus éclatantes ou les grands crimes, si l'ambition et le pouvoir sont réservés à l'homme d'une complexion bilieuse, la part du lymphatique a été moins heureuse et moins

brillante ; il paraît né pour le repos
et la soumission, et peut-être aussi
pour la douleur : servir et souffrir,
telle est sa destinée.

Dans cet examen des tempéraments et de leur physionomie caractéristique, nous n'avons parlé
que de ceux qui sont le mieux des-
sinés, de ceux qui se distinguent
par des traits bien marqués, et des
couleurs vives et prononcées. Ce sont
là les quatre types principaux de la
complexion humaine ; mais, dans le
fait, il est fort rare qu'ils se prononcent aussi nettement que nous venons de le dire.

Ils ne sont presque jamais séparés
par un aussi grand intervalle ; leurs
formes et nuances s'associent et se
combinent de mille manières, et il en
résulte une foule de tempéraments

mixtes qui participent des avantages et des inconvénients des quatre tempéraments, plus fictifs que réels, que nous venons de décrire ; les physionomies et les caractères qui en dépendent offent de même mille nuances variées.

# CHAPITRE VIII.

## DE LA PHYSIONOMIE SELON LES PASSIONS ET LE CARACTÈRE.

Nous venons de montrer par quels caractères généraux et d'ensemble la physionomie humaine permet de distinguer les peuples entre eux, selon les pays qu'ils habitent ; et les hommes du même pays, les uns des autres, selon leur âge, leur éducation, leur tempérament, et même selon leur position sociale. Ces signes généraux sont faciles à apprécier.

Les caractères physionomiques par lesquels un homme se différencie essentiellement d'un autre homme sont bien plus fugaces, plus difficiles à reconnaître et à retenir. Nous mettons souvent plus d'instinct et plus de vague habitude dans de pareilles appréciations que nous n'y mettons de jugement et de véritable raison.

Le vulgaire se flatte de connaître les hommes uniquement d'après la physionomie : mais cette étude, tout-à-fait instinctive et machinale entre ses mains, le conduit à des erreurs sans nombre, et qui ont de grandes conséquences, quant au bonheur.

Mais nous l'avons déjà dit : heureusement il existe une sorte de science de la physionomie ; on possède certains principes généraux et avérés à l'aide desquels on peut juger des passions et du caractère, d'après l'expression de la figure. C'est dans ce but que les médecins et les philosophes étudient les physionomies.

Les peintres, les statuaires, les poètes et les acteurs ont un but contraire : je veux dire qu'ils créent ou ressuscitent des physionomies, d'après la connaissance qu'ils ont, ou qu'ils imaginent, des traits expressifs d'un personnage réel ou imaginaire. C'est toujours la même science ayant un autre objet et des destinations différentes : le philosophe et le physiologiste étudient la nature et interprètent ses phénomènes ; les artistes l'étudient également, mais pour l'imiter en l'embellissant.

Le physiologiste lit sur la figure

de Brutus, presque aussi bien que dans ses actions, sa haine des rois et de la tyrannie, son farouche amour pour la liberté de Rome et du monde. Le statuaire éternise les traits de Brutus, l'historien ses actions; et, plus de vingt siècles après, actions et physionomie de Brutus nous paraissent d'accord; plus de vingt siècles après, le poète tragique fait parler Brutus d'après ses traits, immortalisés par le pinceau du peintre ou le ciseau du statuaire; plus de vingt siècles après, David ou Talma, le peintre comme l'acteur, reproduisent la grande figure de Brutus, d'après les récits des historiens.

Vous voyez donc qu'il existe une science de la physionomie, une concordance réelle entre les pensées et les actions d'un personnage, et l'expression animée de sa figure.

Dans les détails où nous allons entrer, pour montrer sur quels faits, quelles observations, repose la science du physionomiste, nous ne nous bornerons pas uniquement à l'examen des traits du visage ; nous devrons dire aussi quelque chose des gestes et mouvements, de la voix et de l'accent, de l'attitude, des manières, et de quelques habitudes insolites. Toutefois nous étudierons spécialement la figure, en nous attachant à découvrir quels signes peuvent fournir chacun des traits qui la composent.

# CHAPITRE IX.

CONCOURS DES SYSTÈMES DE LAVATER ET DE GALL, DANS L'ÉTUDE DE LA PHYSIONOMIE.

—⋅❦⋅—

Deux parties distinctes composent la figure humaine : le front ou la partie supérieure ; et la partie inférieure, laquelle s'étend depuis les sourcils jusqu'au menton. Les anatomistes ont dès long-temps établi cette division de la face, sans autre but que la plus grande commodité de leurs descriptions ; mais les physiologistes y trouvent de grands

8.

avantages que nous allons dire en peu de mots.

Le bas de la face, possédant des muscles nombreux que les passions agitent de mille manières, offre surtout le miroir du caractère, et désigne la tendance habituelle de l'esprit et de l'humeur. Voilà qui est du domaine du physionomiste proprement dit, ou du disciple de Lavater.

Le front, ou partie supérieure de la figure, est presque entièrement immobile ; la forme en est invariable dans la même personne ; à peine y rencontre-t-on quelques rides insignifiantes. Mais sa forme persévérante et son volume, ses saillies ou ses dépressions, dénotent quelle est la conformation de la partie antérieure du cerveau, recouverte par l'os frontal, et l'on s'est assuré que toutes ces choses ont, avec le développement des facultés intellectuelles, des concordances assez parfaites pour qu'on doive y attacher de l'importance. Voilà de quelle manière le système de la *crânioscopie* doit intervenir dans l'art du physionomiste, et comment il l'éclaire.

# CHAPITRE X.

ESQUISSE DU SYSTÈME DE GALL, CON-
SIDÉRÉ DANS SES RAPPORTS AVEC
L'ART DU PHYSIONOMISTE.

Il y a peu d'années encore les physiologistes examinaient le front uniquement comme faisant partie de la face, et ils l'étudiaient comme le reste de la figure : s'attachant purement à décrire les surfaces, les rides et les enfoncements, ils ne se doutaient guère de l'importance que l'examen du front doit avoir, en conséquence des connexions du cerveau avec l'os frontal. On s'en tenait donc, pour cette partie de la figure, comme pour tout le reste, aux appréciations de Lavater; seulement on s'apercevait bien que Lavater n'avait rien dit de significatif, rien de raisonnable, quant au front.

Gall aperçut cette grande lacune dans un système alors fort célèbre; et c'est au soin approfondi qu'il a pris de la combler que nous sommes surtout redevables de sa doctrine si admirable jusqu'en ses erreurs.

M. Gall a découvert que le front dénote surtout, par ses dépressions et ses proéminences, quel est le caractère et le degré des facultés intellectuelles.

Cette découverte a eu trop d'influence sur l'art de la physionomie, pour que nous ne l'examinions pas ici avec quelque développement. Ce qui nous engage surtout à nous occuper avec détails de la doctrine de M. Gall, c'est qu'elle a été connue dans le monde d'une manière tout-à-fait fausse ou incomplète ; c'est qu'on a cherché à la dénaturer et à la tourner en ridicule avant de l'avoir bien comprise, et souvent même sans avoir pris soin de l'étudier, sans la connaître.

Tout le monde a entendu parler du système de Gall, de ses recherches sur le crâne, de la manière dont il tâtait, dont il examinait les têtes, pour découvrir les facultés et les penchants; on sait qu'il a consacré sa vie à cette étude, et qu'il lui a dû une très-grande célébrité. On n'ignore pas que ses élèves continuent

à enseigner, à propager sa doctrine ;
qu'ils visitent les maisons d'aliénés
et parcourent les bagnes, dans le
but d'étudier et de mouler les têtes
des criminels et des fous : mais,
excepté ceux qui, par état ou par
goût, se sont occupés sérieusement
de cet intéressant objet, on n'en
connaît guère dans le monde que
le côté plaisant. Le nom de Gall ré-
veille tout simplement les idées de
*protubérances* et de *bosses*, et presque de charlatanisme ; et cependant
la mémoire de ce savant physiologiste devrait être honorée comme
celle du génie le plus original de
notre siècle, de celui qui a mis sur
la véritable voie de la connaissance
de l'homme, et dont les découvertes
produiront tôt ou tard une révolu-

tion importante dans la philosophie et dans la plupart des sciences morales.

Voici, je crois, ce qui a fait méconnaître l'importance des travaux de Gall, et ce qui les a fait considérer sous un point de vue frivole et ridicule. On a cru, dans le monde, que Gall et ses disciples n'examinaient que l'extérieur de la tête; que les os du crâne étaient tout ce qu'ils voyaient; et que, d'après les bosses et les enfoncements de ces os, ils devinaient les facultés et les penchants, à peu près comme Lavater jugeait du caractère d'après la longueur du nez ou la grandeur de la bouche.

Je n'ai pas besoin de dire que cette erreur n'a jamais été celle des gens qui avaient la plus légère teinture des sciences naturelles. Je sais bien aussi qu'elle n'a pas long-temps subsisté parmi les personnes du monde un peu éclairées ; mais il est certain qu'elle existe encore pour la grande majorité du public. Il est donc nécessaire de signaler cette erreur et d'essayer de la détruire : pour cela, nous devons entrer dans quelques détails anatomiques et physiologiques.

On sait depuis long-temps que le cerveau est l'organe, l'instrument visible de l'intelligence, que les facultés de l'esprit ne peuvent s'exercer sans lui. On savait aussi que la force et l'étendue de l'intelligence sont en raison directe du volume et de la complication du cerveau. On voyait que, chez les animaux les plus simples, le cerveau n'existe pas ; qu'il apparaît ensuite ; qu'il s'agrandit, se complique et se développe à mesure que l'on remonte l'échelle des êtres animés, depuis les plus simples jusqu'à l'homme, chez lequel il a atteint son plus grand volume et sa plus grande complication. Il était facile de voir que les facultés intellectuelles ou les propensions instinctives suivaient la même progression, qu'elles grandissaient et s'étendaient avec le cerveau. Les recherches de Gall confirmèrent ces vérités : mais il en inféra d'autres prévisions encore et d'autres conséquences inaperçues avant lui ; et c'est là ce qui constitue le système qui lui est propre.

Non-seulement il reconnut que l'ensemble du cerveau était l'organe de l'intelligence, mais il annonça de plus que chaque partie du cerveau présidait à une faculté particulière et différente.

En conséquence de ce principe, il divisa le cerveau en autant de compartiments qu'il y a de facultés et de penchants ; je veux dire qu'il établit la pluralité des organes intellectuels et moraux.

M. Gall cependant a fait plus encore : il a cherché à connaître, par la surface du crâne et sur l'homme vivant, la forme approximative du cerveau. On sait que cet organe est enfermé dans le crâne comme dans une boîte : les os qui le couvrent et le protégent ne sont séparés de lui par aucun intervalle ; ils en suivent exactement tous les contours, en remplissent toutes les excavations et en dessinent toutes les formes. En voyant et en touchant la tête à l'extérieur, c'est donc comme si l'on voyait, comme si l'on touchait le cerveau à travers une enveloppe de deux lignes environ d'épaisseur.

Cette exploration n'est cependant pas aussi facile et aussi sûre qu'on pourrait le penser au premier abord. L'épaisseur variable des os du crâne, la situation profonde de toute la partie inférieure du cerveau, cachée par les os de la face, et plusieurs autres causes encore, apportent de véritables obstacles à la *crânioscopie*, et lui ôtent une partie de sa certitude. Mais, peu importe à notre objet actuel ! ce que nous voulons faire voir, et ce que tout le monde comprendra bien maintenant, c'est que les disciples de Gall n'ont pour but, en examinant la surface du crâne, que de reconnaître par lui la forme et le volume du cerveau.

Il ne faut pas s'attendre non plus à trouver constamment sur le crâne des protubérances saillantes et de véritables *bosses :* tout ce qu'on peut observer, c'est une différence de forme, appréciable seulement par la comparaison d'un grand nombre de têtes ; c'est un développement un peu plus ou moins considérable de chacune des portions du crâne.

Ces différences ne peuvent être appréciées qu'à l'aide d'un examen très-attentif, joint à une grande habitude d'observer. L'examen du crâne est surtout difficile pour les parties couvertes de cheveux.

Le front est bien plus facile à examiner, puisqu'il est toujours à découvert, et le plus facile à voir, à comparer, de tous les traits de la figure.

# CHAPITRE XI.



C'est le front seul que nous avons à examiner, comme partie importante de la figure. L'examen de cette partie de la face ne sert guère qu'à faire pressentir la nature et la puissance des facultés de l'esprit. Quant au caractère et aux passions, les signes que le front fournit à ce sujet ont fort peu de valeur.

La partie antérieure du cerveau, celle qui correspond au front,

n'existe pas ou est à peine dévelop-
pée chez les animaux : c'est là que
se trouvent les organes des hautes
facultés intellectuelles, exclusif apa-
nage de l'homme; aussi les animaux
n'ont-ils pas de front. Chez quelques
singes, cependant, il commence à
paraître; il devient tout-à-fait visible chez les Hottentots ; chez les
Nègres et les autres variétés infé-
rieures de l'espèce humaine, il paraît encore davantage ; enfin, il s'é-
largit et s'élève dans la race des
Européens ; en sorte que plus l'homme devient homme, si l'on peut
s'exprimer ainsi, et plus il a le front
prononcé. C'est surtout cette partie
de la face qui donne à la figure un
caractère de réflexion et de majesté.
Quelles que soient d'ailleurs la forme
et l'expression du visage, si le front

est large, s'il est élevé, l'homme ainsi fait aura toujours une physionomie intelligente.

Un front très-étendu en tous sens, et presque perpendiculaire, annonce une haute intelligence, un jugement sûr, une grande force d'attention, une imagination riche; facultés qui rendent ceux qui les possèdent capables de grandes choses, à la vérité dans des genres différents, suivant les circonstances où ils se trouvent placés, et selon les autres facultés qui leur ont été départies. (*Napoléon, Cuvier, Gall, Canning.*)

Au contraire, un front étroit, bas, et fuyant en arrière, annonce un homme sans imagination, sans jugement, incapable de hautes pensées et de grandes actions : c'est des hommes ainsi organisés que l'on peut dire, avec une grande justesse d'expression, que ce sont des esprits *étroits, rétrécis, ingrats, à vue courte*.

Telles sont les deux formes générales du front les plus opposées. Mais, entre ces deux extrêmes, on observe un grand nombre de variétés ; on sent bien que nous ne pouvons indiquer que les principales. Il est rare d'ailleurs de rencontrer des hommes dont le front soit remarquable et où se lise le présage de facultés élevées ou puissantes. Chez la grande majorité, le front tient le milieu entre le plus large et le plus étroit ; son étendue est médiocre, de même que l'esprit de la plupart des hommes. La médiocrité est en effet la règle commune ; la grande supériorité, comme l'infériorité extrême, sont de rares exceptions.

Un front large et bombé vers les deux angles que forme de chaque côté la racine des cheveux, de manière qu'il offre plus de largeur en haut qu'en bas, annonce une grande imagination : c'est le front des poètes en prose comme en vers, celui des grands peintres, et de tous les artistes qui se distinguent invinciblement par ce qu'on appelle à juste titre le génie. (Ainsi *Shakspeare*, *Voltaire*, *lord Byron*, *Rubens*.)

Un front élevé, dont la partie moyenne est la plus saillante, indique un homme avide d'instruction, dont le jugement est sûr, qui aime à remonter des effets aux causes, et à s'élever des faits particuliers aux idées générales : c'est le front des

savants et des philosophes. (*Cicéron,
Kant, Gall.*)

Si le front, étroit au-dessus, des
sourcils, se renfle et s'élargit vers les
tempes, de manière à offrir à peu
près la forme d'une pyramide ren-
versée, c'est un signe de finesse, de
ruse, et souvent de quelque chose
de plus que la ruse. (*Fouché, de
Villèle*, etc. )

Quelquefois la partie la plus saillante du front existe de chaque côté
de la ligne mitoyenne, à un demi-
pouce environ au-dessus des sourcils; on aperçoit là deux espèces de
bosses plus ou moins saillantes : c'est
là le signe de l'esprit caustique, de
l'esprit de saillie, auquel se joint
presque toujours une grande imagination : tel est le front des poètes
satiriques, des écrivains frondeurs

et spirituels. (Tels étaient *Rabelais,
Sterne, Boileau, Voltaire.*)

Un front élevé, et presque droit jusqu'à la racine des cheveux, mais peu large, signale presque tou-jours un homme doué de peu d'ima-gination, franc, sans finesse, mais ferme et même opiniâtre, et capa-ble de montrer une grande force de caractère. On observe ce front prin-cipalement chez des guerriers et des magistrats célèbres. (Ainsi *Ney, l'Hospital, Lafayette, Pierre I*er.)

Les hommes portés à la science du calcul, les grands mathématiciens, les tacticiens, les astronomes, etc., peuvent avoir le front peu développé, mais ils se distinguent par la saillie du sourcil en dehors des tempes. (*Lalande, Napoléon.*)

Les hommes dont le front est

étroit et bas ne se distingueront jamais par leur génie ; mais ils peuvent être doués de qualités morales plus précieuses peut-être pour les autres et pour eux-mêmes, pour leur propre bonheur, que ne le sont souvent des facultés intellectuelles éminentes : ils peuvent être bons, généreux et braves ; presque toujours ils entendent mieux que les hommes d'une intelligence plus élevée les affaires ordinaires de la vie, et réussissent plus irrésistiblement qu'eux dans leurs entreprises. Vous demandez pourquoi ? c'est qu'ils ne sont pas distraits de leurs desseins par des pensées étrangères à la vie commune, et par les rêves d'une imagination naturellement ennemie de la réalité, et féconde en chimères. C'est ce qui a fait dire, avec quelque raison, que nul

ne vaut un sot pour faire fortune,
et qu'il n'y a rien au monde de si
borné que les gens d'esprit.

Mais quand à ce défaut d'intelligence se joignent des penchants
vicieux, l'homme n'ayant plus pour
les combattre que des armes insuffi-
santes, souvent alors il en subit l'affreuse tyrannie, et s'abandonne aux
passions les plus honteuses, aux actions les plus déplorables.

Les hommes dégradés par de viles
passions, par les crimes les plus
lâches, ont tous le front étroit et
fuyant en arrière; et cela même les
rapproche des animaux, comme des
peuples les plus sauvages. Il est du
moins consolant pour la vertu, que
les crimes se commettent rarement
à la vive clarté du génie. ( Voyez
*Marat,* etc.)

10.

Ce n'est pas toutefois qu'il ne se rencontre des hommes vicieux et criminels parmi ceux dont le front annonce une intelligence plus qu'ordinaire ; mais, en général, ceux-ci se livrent à des vices ou commettent des crimes d'un ordre plus relevé, si l'on peut ainsi s'exprimer ; leurs actions, quoique répréhensibles, quoique criminelles, exigent de l'intelligence et du courage, et pouvaient avoir été méditées dans un but différent de celui qu'elles atteignent. Souvent aussi l'esprit de parti et le fanatisme, perfides conseillers dans les temps de révolution, donnent aux déterminations un caractère équivoque, source affreuse de haines, de combats, et de malheurs publics. Combien de fois n'a-t-on pas vu la même action punie comme crime dans un camp, couronnée comme vertu dans l'autre ! Et les crimes victorieux ! ne les divinise-t-on pas, à la honte du monde, à l'égal des grandes vertus !

Chez les femmes, le front n'a jamais l'étendue ni la hauteur de celui de l'homme : c'est que plusieurs facultés intellectuelles accordées à l'homme n'atteignent pas un pareil degré dans l'autre sexe. Presque jamais la femme ne produit d'ouvrages qui exigent une puissante imagination, ou les vues élevées d'une sérieuse philosophie : je sais bien qu'il existe des exceptions, mais elles sont rares. (Voyez madame de *Staël*.)

*Sous ce rapport,* la femme est un être d'un degré moins élevé que l'homme ; et si par toute la terre le second rôle seulement lui a été assigné, ce n'est pas seulement l'effet d'un caprice humain, ni une irrégularité née du hasard; ce n'est pas non plus par un abus de la force physique, mais par un résultat inévitable de la supériorité intellectuelle de l'homme. La femme lui est soumise, à peu près comme les nations indigènes de l'Amérique furent long-temps soumises aux Européens; de la même manière qu'un homme se soumet involontairement à un autre homme, alors qu'il reçoit l'influence irrésistible d'un génie supérieur au sien.

A l'exception cependant des dons les plus élevés de l'esprit, la femme est douée des mêmes facultés intellectuelles que l'homme; mais tout, chez elle, est moins développé; l'esprit comme le corps a chez la femme moins de force que de délicatesse.

Aussi toutes les parties du front, bien qu'à peu près pareilles à ce que l'on voit chez l'homme, sont néanmoins chez elle plus resserrées et moins distinctes.

Il est vrai que, s'il est difficile de découvrir sur le front de la femme les nobles indices des plus hautes facultés intellectuelles, il importe moins aussi que ces facultés existent en elle. La profondeur et la force de l'intelligence ne sont pas, pour la femme, les qualités les plus précieuses ni les plus enviables; c'est bien plutôt la douceur, la résignation et la bonté. On ne cherche point en elle les facultés de l'esprit qui étonnent (qu'en a-t-elle besoin pour nous subjuguer?) : l'essentiel est qu'elle possède les qualités morales qui plaisent et qui donnent le bonheur dans tous les temps de la vie, ces dons précieux de l'esprit moins encore que du cœur qui nous la font aimer. Loin de nous toutefois, loin de nous de prétendre que les femmes doivent s'abstenir de cultiver les sciences, les lettres ou les arts ! mais ce doit être pour elles, non une occupation, mais un délassement ; non un but de gloire ou de fortune, mais un refuge contre l'ennui de l'oisiveté, mais une arme contre les séductions du monde, mais un appui, mais une ancre sûre contre l'entraînement des passions. Elles qui sont notre plus belle récompense, qu'elles se gardent d'être nos rivales ! Si elles se rencontrent sur notre route, que ce soit pour nous aider, nous plaindre et nous consoler : qu'elles soient heureuses de nos lauriers, nous serons glorieux de leurs vertus.

Napoléon, à qui madame de Staël avait l'indiscrétion de demander quelle femme il estimait le plus, lui répondit avec sa brutale concision : *Madame, c'est celle qui fait le plus d'enfants!* Sans doute il pensait, dans ce moment, au gouffre insatiable de la grande armée.

Les autres signes physiognomoniques tirés de l'examen du front, et relatifs au caractère, sont fournis seulement par la peau qui couvre cette partie. Mobile comme celle du visage, elle prend différents aspects, suivant l'état actuel de l'ame et ses passions habituelles.

Un front uni et sans rides ne peut appartenir qu'à un homme superficiel et léger; c'est la marque assurée d'un esprit peu profond ou dissimulé, et celle d'un caractère heureux ou du moins sans souci. Du reste, il y a des fronts tellement bombés, que les rides n'y naissent qu'à force d'ans et de chagrins. Le front des jeunes gens et des femmes est en général uni comme l'ivoire. Dans la vieillesse, le front des femmes a souvent plus de rides, précisément parce-qu'il est naturellement plus déprimé, moins saillant. A mesure qu'elles laissent des traces plus profondes, les rides du front se dessinent et se creusent davantage; et, chez l'homme fait, elles peuvent fournir quelques indices sur le caractère.

Des rides horizontales et parallèles, si elles sont plus rapprochées des sourcils que de la racine des cheveux, indiquent un esprit capable d'une attention soutenue et de sérieuses réflexions ; si au contraire elles occupent la partie supérieure du front, c'est un signe de dédain et de fierté. Un front presque couvert de rides profondes, et dont la peau forme des plis épais, annonce un esprit faible ou paresseux : c'est qu'alors le front est presque toujours déprimé, le cerveau petit.

Si les rides, au lieu d'être parallèles, forment des lignes qui se croisent en tous sens, l'homme qui les porte est au moins un original, et peut-être un imbécile ou un fou : c'est du moins l'opinion de Lavater.

Les rides perpendiculaires qui existent à la racine du nez, entre les deux sourcils, annoncent un homme sérieux et réfléchi, un penseur profond; souvent aussi un homme haineux et vindicatif.

# CHAPITRE XII.

INTERPRÉTATION DE QUELQUES PROÉ-MINENCES DU FRONT.

Telles sont les principales formes du front, et tels sont aussi les signes généraux qu'elles peuvent révéler au physionomiste : mais nous allons donner avec plus de détails la liste des facultés intellectuelles que Gall nous a appris à pressentir d'après la seule inspection du front ; et, pour mieux indiquer à quels caractères les reconnaître suivant son système, nous renverrons à la planche, où le siége de chaque faculté est indiqué par un numéro précis.

### N° 6. Organe de la ruse, de la finesse, et du savoir faire.

Il est situé de chaque côté, à la partie supérieure de la tempe ; la partie du crâne qui le recouvre est de forme alongée.

### N° 7. Organe de la convoitise ; instinct d'approvisionnement : sentiment de la propriété.

Il s'étend depuis l'organe de la ruse jusqu'à peu de distance du bord externe de l'arcade supérieure de l'orbite.

Le développement simultané de cet organe et du précédent produit une proéminence sensible au-dessus de chaque tempe.

N° 12. Organe de l'éducabilité, du penchant à s'instruire, à perfectionner son intelligence.

La présence de cet organe est annoncée par une proéminence qui, partant de la racine du nez, monte en s'élargissant vers le milieu du front ; en sorte que l'intervalle qui sépare les sourcils est un peu bombé.

N° 21. Faculté de faire des rapprochements, de saisir les ressemblances ou les dissemblances des choses : sagacité comparative.

Cette faculté est annoncée par une protubérance qui descend de la partie supérieure du front, en se rétrécissant, jusque vers le milieu de la région frontale.

N° 22. Faculté d'abstraire et de généraliser ; désir de connaître les rapports des choses, et de remonter des effets aux causes : profondeur d'esprit.

Cet organe forme deux proéminences : une de chaque côté de l'organe précédent.

La réunion des organes N°ˢ 12, 21 et 22, rend le front saillant et bombé à sa partie moyenne, depuis la racine du nez jusqu'à celle des cheveux. C'est à cette forme que Gall a donné le nom de *tête philosophique*.

N° 15. Organe des localités ou des rapports de l'espace ; mémoire des lieux : goût prononcé pour les voyages.

Il est annoncé par deux renflements qui s'étendent obliquement, depuis la racine du nez jusque vers le milieu du front, en sorte que les sourcils sont assez écartés l'un de l'autre.

N° 17. Faculté de distinguer avec sagacité les couleurs, de bien saisir leurs rapports, de les assortir avec harmonie.

La présence de cet organe rend très-saillante la partie moyenne des sourcils.

N° 18. Sens des rapports des sons; propension vers la musique; goût et talent pour la mélodie.

La présence de cet organe gonfle et relève la portion externe du sourcil.

N° 19. Sens des rapports et des propriétés des nombres; esprit de calcul; talent prononcé pour les mathématiques.

Chez les hommes qui ont cet organe très-développé, la partie externe du sourcil forme un angle saillant qui déborde la tempe.

N° 20. Sens de la mécanique et des constructions : génie de l'architecture.

Cet organe s'annonce par une protubérance arrondie, placée dans la région temporale.

N° 23. Esprit de saillie et de répartie ; esprit caustique.

Cet organe est indiqué par deux proéminences situées à un pouce environ au-dessus de chaque sourcil, et séparées par les organes N°ˢ 21 et 22.

N° 25. Organe de la poésie.

Est annoncé par un renflement alongé au-dessus et au-devant des tempes.

Nº 28. Penchant pour le merveilleux et les choses surnaturelles.

Cet organe se trouve placé en dedans et un peu au-dessus du précédent, qui presque toujours l'accompagne ; de même que l'esprit de croyance accompagne presque toujours le génie de la poésie. Quand il est très-développé, et que l'organe de la poésie l'est aussi, le front est très-élargi à sa partie supérieure.

Nº 26. Bonté, bienveillance, amour du prochain, sens moral.

Cet organe, situé sur la ligne médiane, au-dessus de la naissance des cheveux, augmente toujours un peu la hauteur du front.

# CHAPITRE XIII.

## SIGNES TIRÉS DES SOURCILS.

Les sourcils fournissent peu de signes relatifs aux facultés de l'esprit.

Chez les hommes doués de l'esprit de calcul, chez les mathématiciens, le sourcil forme un angle très-saillant en dehors et au-dessus de l'œil.

Chez les grands musiciens, on remarque, vers le milieu du sourcil, un renflement très-prononcé, mais qu'il faut avoir déjà remarqué sur plusieurs têtes pour ne pas le confondre avec quelque autre saillie accidentelle et sans importance. ( Voyez *Rossini.* )

Des sourcils rapprochés et saillants, indiquent ordinairement un esprit capable de réflexion et de hautes pensées. Chez les hommes peu intelligents, au contraire, les sourcils sont plats, écartés, et très-relevés au-dessus des yeux.

Quant au caractère et aux passions, des sourcils épais sont un signe de force, d'énergie et même de rudesse; tandis que des sourcils à peine marqués, et dégarnis, annoncent de la faiblesse, de la douceur, et de la timidité.

Des sourcils étroits, mais bien arqués, peu mobiles, annoncent un caractère tranquille ou ferme, un homme peu agité par les passions ou capable de les maîtriser. Au contraire, des sourcils irréguliers et très-mobiles, appartiennent à un homme vif et sensible, susceptible d'émotions profondes et de passions énergiques.

En général, les sourcils s'abaissent et se froncent, sous l'influence des passions tristes et haineuses ; mais ils s'écartent et s'élèvent, pour exprimer la bienveillance et la joie. La disposition habituelle des sourcils entre donc pour beaucoup dans la parfaite concordance de l'expression des traits de la face avec les passions familières, évidentes ou dissimulées.

# CHAPITRE XIV.

## DES SIGNES TIRÉS DE L'EXAMEN DES YEUX.

Nous avons maintenant à examiner la partie la plus expressive et la plus importante de la physionomie : les yeux sont nommés avec raison par tous les peuples les miroirs les plus fidèles de l'ame.

C'est l'œil qui donne à la physionomie presque toute son expression. Le reste du visage serait entièrement caché, l'on ne verrait d'un homme que les yeux seuls, que l'on pourrait encore y lire l'état de son ame et la nature des passions qui l'émeuvent. Sans les yeux, au contraire, le visage n'exprime plus rien de précis ; les traits, il est vrai, sont encore mobiles et changeants, mais ils semblent manquer de vie ; on reconnaît bien encore sur le visage les traits d'un être sensible et intelligent ; mais, dans les yeux, c'est l'homme lui-même, c'est son ame tout entière qui nous apparaît, et qui semble communiquer avec tout notre être.

C'est par les yeux principalement qu'on juge de la ressemblance et du vrai caractère de la physionomie : c'est par eux qu'Hélène, dans l'*Odyssée*, reconnaît aussitôt Télémaque pour le digne fils d'Ulysse.

L'absence du regard, chez les aveugles, change entièrement leur physionomie, et lui donne un aspect particulier et tout-à-fait disgracieux, une laideur chez tous uniforme, et bien différente de ce qu'on voit chez les clairvoyants. Cette physionomie caractéristique des aveugles, des aveugles-nés principalement, tient à plusieurs causes dont voici les plus essentielles :

« ... D'abord la privation de la vue produit dans toute leur personne un défaut d'aplomb, un décontenancement aussi disgracieux que singulier. D'ailleurs, comme c'est surtout par les impressions de l'air sur la figure qu'ils acquièrent la connaissance des lieux, ils projettent la face en avant, de manière à augmenter beaucoup la proéminence toujours trop marquée du menton. Observez aussi que la cécité provenant souvent

12.

d'une petite - vérole excessivement maligne, ces malheureux alors ont la peau partout couturée : mais ce n'est pas tout !

« Qu'est-ce qui donne à la physionomie de l'homme cette expression d'intelligence et de sentiment qui en fait la grâce et la beauté ? C'est non-seulement ce sourire modéré qui suppose de l'esprit, ou qui atteste le bonheur et le justifie ; ce n'est pas seulement l'éloquence et la vivacité du regard ; c'est, plus que tout cela, une harmonie parfaite entre les différentes parties de la physionomie. Or, c'est l'imitation qui fait acquérir cette unité gracieuse, cette juste mesure dans le jeu et la mobilité de chacun des traits ; et cette précieuse éducation, ce sont les yeux, c'est l'attention du regard qui la donnent.

« D'ailleurs, comme ils n'éprouvent de l'amour que les grossiers appétits, comme ils restent étrangers au désir aussi bien qu'au pouvoir d'inspirer cette heureuse passion par les agréments qui la font naître, les aveugles ne connaissent de la beauté, ni les divins caractères, ni les enivrements. Ils restent tels que les a faits la nature, énergiques, mais bruts comme elle.

« Il est une autre chose qui disgracie beaucoup la figure d'un aveugle-né : je veux parler de l'excessive étroitesse de leur front, où les cheveux s'implantent fort bas, et jusqu'au voisinage du nez. Cette remarque m'a semblé d'autant plus importante et curieuse, que le front n'a cette exiguité qu'en ceux des aveugles qui n'ont jamais vu. J'en ai observé plusieurs qui n'étaient devenus aveugles qu'après l'âge de douze ans, et le front de ces derniers était presque entièrement comme le nôtre.

« Or, quelle que soit l'opinion qu'on se forme de la pensée, qu'on soit spiritualiste, Galliste, ou Cabanisien, toujours est-il qu'on ne peut refuser aux sens, au sens de la vue principalement, une puissante influence sur l'action des idées, sur le caractère de l'esprit. Il est évident que plus l'ame a d'organes ou d'instruments, plus son siége spécial, plus le cerveau doit avoir de volume. Ce volume du cerveau ( on est d'accord à ce sujet ) est toujours exactement proportionné à l'étendue de l'intelligence. Il est clair que quatre collecteurs, quatre sens, donnent moins d'idées que cinq : il est également certain qu'il faut plus de cerveau, pour les idées provenant de cinq sens, qu'il n'en faut pour les idées de quatre sens[1]. »

Plusieurs moralistes ont énoncé le noble vœu que l'homme portât constamment une fenêtre transparente au cœur, afin, disaient-ils, qu'on y pût lire par quels sentiments et quelles passions il est inspiré ou troublé. Mais, hélas! la chose serait insuffisante : on ne verrait là que des fibres charnues, occupées à mouvoir du sang, dont elles-mêmes s'imprègnent. D'ailleurs cette fenêtre de l'ame, s'il est permis d'employer cette expression, existe véritablement : ce sont

[1] Isid. BOURDON, *Philosophie médicale,* t. 1er, liv. III, chap. xx; *Histoire physique et morale des aveugles-nés.* Paris, Gabon et Baillière. 1828.

nos yeux qui en tiennent lieu. Plus ils sont visibles et transparents, plus l'homme tout entier, plus l'homme intérieur est à découvert.

Les personnes qui ont des yeux petits et enfoncés, ceux-là voient souvent à la dérobée, observent en tapinois, et sont les plus aptes à dissimuler et à feindre ; celles, au contraire, dont les yeux sont grands et limpides, laissent voir tout ce qui se passe dans leur ame. Voyez cette jeune fille aux yeux bleus, voyez-la froncer sa longue paupière : elle craint de laisser lire dans ses tendres regards les sentiments qui l'agitent et qu'elle doit soigneusement tenir cachés.

Le fripon, l'hypocrite, tous ceux qui ont quelque intérêt à ne pas mettre leur conscience à découvert, ont bien soin de ne pas regarder en face ceux qui les examinent ou qui les interrogent.

En Chine, dit-on, les juges ne cherchent la vérité que dans les seuls regards des accusés : il est bien difficile, en effet, que le criminel n'y laisse pas voir son trouble, ses hésitations et ses remords.

L'homme timide baisse ou détourne aussi les yeux ; soit qu'un regard pénétrant le trouble ou lui en impose, soit qu'il craigne de laisser lire dans ses yeux un sentiment qui pourrait déplaire ou offenser. La honte détourne les yeux vers la terre ; la fierté les détourne aussi, mais vers les cieux.

Voyez au contraire ceux qui veulent se communiquer leurs plus secrètes pensées, deux êtres qu'unit une parfaite intimité! leurs regards se cherchent; et dès qu'ils se rencontrent, tout est compris; les deux pensées dès-lors n'en font qu'une. Qui n'a pas connu, au moins une fois en sa vie, cette vive et charmante conversation des yeux? Qui n'a pas lu avec ivresse dans les regards de l'objet aimé, un aveu, une promesse soudaine, un tendre souhait, un sacrifice consenti, un sublime abandon avec serment d'éternité.

Les yeux alors en disent beaucoup plus que la parole, et ils le disent mieux. Et même ces diverses émotions de l'ame deviennent souvent aussi manifestes pour de froids spectateurs, que pour la personne même qui les fomente, les ressent ou les partage en silence; silence délicieux,

qu'elle croit discret et qui n'est qu'é-
loquent.

Il y a deux choses à observer dans
les yeux, comme signes physiognomoniques : leur forme et leur expression.

La forme des yeux est peu importante. Nous avons vu toutefois qu'un
des caractères de la race tartare-
chinoise était d'avoir les yeux placés
obliquement. Chez les Européens,
au contraire, ils sont placés sur une
même ligne horizontale ; mais leur
grandeur et leur forme varient beaucoup.

Le globe de l'œil est toujours à
peu près le même ; c'est l'ouverture
plus ou moins considérable des paupières qui le fait paraître plus ou
moins grand, et cette circonstance
n'a aucun rapport avec l'esprit ou le

caractère. On remarque cependant que des paupières épaisses et toujours à demi fermées annoncent un esprit paresseux et lent. Des yeux très-ouverts, et qui laissent voir le blanc tout autour de la prunelle, indiquent en général un esprit bizarre, original, et même un commencement de folie : c'est quelquefois le signe aussi d'une maigreur extrême, et le fréquent effet d'un squirrhe du pylore.

Des yeux fendus en amande sont un indice de douceur et de sensibilité.

Les personnes qui ont de petits yeux ronds, *percés en vrille,* comme on dit, sont assez souvent remarquables par leur finesse et leur vivacité, souvent même par une méchanceté satirique.

La saillie plus ou moins grande du globe de l'œil dépend du plus ou moins de développement de la portion du cerveau qui est placée derrière lui; et commè, d'après Gall, cette partie du cerveau est le siége de la mémoire, les hommes dont la mémoire est remarquable ont les yeux très-saillants ou *à fleur de tête*.

La couleur des yeux fournit aussi quelques signes physiognomoniques. Les yeux d'une couleur très-claire appartiennent, en général, à des personnes douces, timides, mais spirituelles et fines. Je fais observer en passant que l'homme et le cheval sont les seuls animaux dont la couleur des yeux varie.

Un œil noir ou brun annonce plus de force et de courage, plus d'énergie et de vivacité, plus de génie.

Les hommes, et la chose est rare, qui ont les yeux rouges, à la manière des Albinos, sont aussi faibles d'esprit que de corps.

Mais c'est l'expression des yeux, ce qu'on appelle le regard, qui est le signe physiognomonique le plus important.

Un œil brillant et vif n'appartient qu'à un homme intelligent et spirituel ; un tel homme peut avoir un regard habituellement distrait et incertain, un œil peu expressif ; mais qu'il parle d'un sujet capable de remuer son cœur ou d'éveiller ses passions ! alors son regard brille et s'anime, son œil pétille du même feu dont son ame est embrasée. Tel on voyait à la tribune Mirabeau promenant avec négligence, sur une assemblée attentive, un œil terne et à demi-voilé : d'abord il laissait tomber lentement des phrases confuses ou embarrassées ; puis, s'animant peu à peu de ses propres pensées et au seul retentissement de sa voix, et comme réveillé par les murmures de ses adversaires, on voyait tout-à-coup son regard étinceler, en même temps que les foudres de l'éloquence sortaient de ses lèvres brûlantes, inspirées par le génie de la liberté.

L'œil d'un sot, au contraire, garde toujours à peu près la même expression ; il est terne et peu mobile : vingt regards d'un pareil homme sont aussi insignifiants que cent mots sortis de sa bouche.

Pour peu qu'un homme ait d'esprit et de sensibilité, c'est dans ses yeux que l'on peut en voir les manifestations. Il faut désespérer du cœur de quiconque conserve des yeux secs et arides au récit d'une grande infortune ou d'une belle action. Mais les larmes sont surtout à l'usage des femmes : elles leur servent à la fois et de lance et de bouclier.

On conçoit mieux qu'on ne peut l'exprimer ce qui donne au regard l'expression de l'intelligence, de la pénétration. Les yeux d'un homme d'esprit prennent en un instant l'expression convenable aux circonstances et aux personnes au milieu desquelles il se trouve. L'homme dépourvu d'intelligence conserve un regard fixe et incertain, dont l'expression est presque toujours en désaccord avec les personnes et les choses qui l'entourent.

L'œil, pour être expressif, doit être mobile ; mais une excessive mobilité annonce un esprit inquiet, bizarre, ou même dérangé ou malade.

Un œil brillant et humide, dont les paupières sont à demi fermées, est l'indice d'un tempérament voluptueux : c'est là l'expression la plus vraie de l'amour et du désir ; Guérin en a éternisé le modèle dans les beaux yeux de sa Didon.

Il est des yeux qui changent à chaque instant d'expression ; ils appartiennent à des personnes trèssusceptibles, ou douées d'une vive imagination. Au reste, les yeux sont, de toutes les parties de la physionomie, celle dont le caractère varie le plus, et avec le plus de rapidité : la moindre émotion les fait changer ; ils conservent néanmoins, au milieu de toutes ces variations, un caractère particulier chez chaque individu.

Tout le monde sait distinguer un regard hardi ou timide, effronté ou modeste, dur ou caressant, bienveillant, ou haineux et vindicatif: eh bien ! cette expression habituelle du regard est l'indice le plus certain du caractère. Il est extrêmement rare que celui-ci ne soit pas d'accord avec l'expression ordinaire et naturelle des yeux.

On lit encore plus facilement dans les yeux, l'état actuel de l'ame, les sentiments et les passions qui l'agitent. Le courage les anime ; le désir les fait briller de mille feux ; la colère les enflamme ; la tristesse les éteint ; la frayeur les tient ouverts et immobiles. Les mêmes yeux, observés dans des circonstances diverses, offrent le panorama vivant de toutes les passions. Je connais une personne dont les yeux m'en ont plus appris, en quelques mois, sur la plupart des passions de l'ame, qu'une longue lecture de l'élégant et quelque peu superficiel Traité de M. Alibert. Il est vrai de dire que cette manière d'étudier le cœur humain a ses dangers comme ses plaisirs.

# CHAPITRE XV.

DES SIGNES TIRÉS DE L'EXAMEN DU
NEZ.

La partie de la face que nous venons d'examiner, je veux dire le front et les yeux, est sous l'influence plus spéciale de l'esprit : c'est là principalement qu'il faut chercher les plus sûres indices des facultés intellectuelles. Ce qu'on appelle physionomie ingrate ou spirituelle, intelligente ou stupide, fine ou matérielle, noble ou commune, résulte surtout de la forme changeante du front, et des

différences que nous avons signalées
dans la mobilité, la vivacité et l'expression du regard.

Le reste du visage est moins dé-
voué à l'expression de l'esprit, moins
imprégné d'intelligence ; il sert d'interprète aux besoins des organes
plutôt qu'aux dispositions morales.

Cette distinction cependant n'est
pas absolue ; la partie inférieure du
visage n'est pas inutile à la mani-
festation de la pensée, et son expression n'est pas sans valeur pour la
connaissance du caractère et des passions.

*Le nez* paraît d'abord n'avoir aucun rapport avec les facultés de l'esprit ; mais il fournit cependant quelques signes physiognomoniques. Sa
forme et son aspect sont invariables ;
de sorte que ce n'est pas sous le rap-

port de l'expression qu'il peut être utile : ses variétés de grandeur et de forme doivent seules fixer l'attention.

Chez les très-jeunes enfants le nez a presque toujours même forme et même grandeur ; ce n'est que plus tard, et justement à l'époque où la physionomie prend un caractère décidé, que cette partie du visage change et prend un accroissement plus ou moins considérable ; il semble que la nature attende, pour mettre là de la matière en pure perte, qu'elle ait parachevé tous les autres organes. Quand le nez offre une dimension plus qu'ordinaire, on peut donc croire que tout le reste du corps est au grand complet, et que la nature y a mis la dernière main : et comme les qualités de l'esprit dépendent en grande partie de la force et de la perfection des organes, les personnes qui ont un grand nez devront avoir en général des facultés intellectuelles développées et remarquables, ou du moins une grande aptitude aux vives passions.

L'expérience est assez d'accord avec ce raisonnement : les hommes qui ont un nez long et saillant, un nez aquilin, par exemple, se distinguent ordinairement par un esprit supérieur, par un grand courage, ou bien par quelque faculté ou quelque vertu éminente.

Je ne crois pas qu'on ait jamais vu, depuis Socrate, un homme de génie avec un petit nez épaté. (Voyez *Napoléon, Cuvier, Condé*, et beaucoup d'autres.)

Les Tartares, les Nègres, les Caraïbes, ont des nez courts et aplatis.

C'est dans la race des Européens, c'est-à-dire chez les hommes les plus parfaits sous le rapport de l'intelligence, que l'on voit le plus de nez saillants et alongés. Toutefois on se tromperait étrangement si, retournant notre proposition, on supposait un esprit supérieur en tous les hommes dont le nez est volumineux.

Les femmes, en général, ont le nez plus petit que les hommes ; celles qui font exception à cet égard, celles qui portent un grand nez aquilin, se distinguent presque toujours par des qualités plus mâles, par des passions et un caractère plus énergiques.

Quant aux nombreuses variétés de forme et de grandeur que le nez peut offrir, elles ont peu d'importance comme caractère physiognomonique. Les nez les plus disparates peuvent se rencontrer chez des personnes du même caractère. On a beaucoup parlé du nez retroussé, du nez à la *Roxelane* ; on l'a cru un signe d'enjouement et de vivacité chez les femmes ; mais on voit beaucoup de femmes vives et enjouées qui n'ont pas le nez ainsi fait. C'était un peu une affaire de mode : toutes les femmes, dans un temps, voulaient avoir un nez à la Roxelane, comme, sous Louis XIV, tous les hommes de cour se faisaient peindre avec un nez aquilin.

Il est vrai aussi que, tous les traits relevés donnant à la physionomie un air de gaieté et de contentement, un nez retroussé contribue à donner au visage la même expression.

On a fait encore une autre remar-

que au sujet du nez ; on a dit : *Nos-
citur ex naso*, etc.

L'observation dont nous voulons
parler n'est pas une fiction pure.
Nous en avons déjà indiqué la raison. Il est incontestable qu'un grand
nez est la marque certaine d'une organisation forte, et d'une extrême
exubérance de l'énergie vitale. Pourquoi donc ne serait-ce pas un signe
de lasciveté ?

J'ai dit que le nez était sans expression à cause de sa forme quasi invariable ; cependant les narines sont
parfois susceptibles de quelque mouvement, et c'est ainsi qu'elles contri-
buent, en certaines personnes, au jeu
de la physionomie. Comme tous les
traits du visage, elles se dilatent et se
relèvent sous l'influence des passions
gaies ; le courage et l'orgueil gonflent

aussi les narines. L'artiste qui créa
la tête céleste de l'Apollon pythien,
n'a pas omis ce trait d'orgueil flatté,
dans un dieu qui sort victorieux d'un
long combat.

# CHAPITRE XVI.

DES SIGNES TIRÉS DE L'EXAMEN DE
LA BOUCHE.

La bouche est une des parties les
plus mobiles de la face : c'est le siége
principal du sourire, ce plissement
léger et si expressif de la physionomie. Mais sa forme même, l'état
et la disposition des lèvres, peuvent
fournir au physionomiste quelques
renseignements utiles.

Une bouche régulière et belle
peut se rencontrer chez des personnes de divers caractères , et aussi

peu semblables sous le rapport de leurs goûts et de leurs passions ; mais elle annonce presque toujours quelque chose de bon, de noble ou de grand. Ceux qui ont une telle bouche ou sont peu tourmentés par de violentes passions, ou ont assez de force pour les maîtriser. Au contraire, l'irrégularité de la bouche est souvent un signe de bassesse ou de méchanceté ; on la trouve assez fréquemment ainsi disposée chez ceux dont les passions sont impétueuses et désordonnées.

Des lèvres étroites et pincées peuvent appartenir à un homme d'esprit, mais rarement à un homme vraiment bon ; c'est un signe de finesse, de ruse, et quelquefois de méchanceté.

De grosses lèvres, toujours écartées, donnent à la bouche un aspect tout opposé, et l'on observe presque toujours la même opposition dans le caractère. Qu'on ne cherche pas un homme fin et rusé, un esprit habile et fécond en expédients, parmi ceux qui restent ainsi toujours la bouche béante. Les voleurs qui exploitent Paris en plein vent n'ont pas manqué de faire cette remarque : en physionomistes experts, ils s'adressent avec prédilection aux gens qui admirent, bouche ouverte, les curiosités de la grande ville.

Des lèvres pleines, fraîches et vermeilles, annoncent de la jeunesse et de la santé : une telle bouche a toujours été regardée comme le signe certain d'une grande propension aux plaisirs de l'amour. C'est que, sans même recourir aux causes finales, jeunesse, amour et santé, sont d'ordinaire choses inséparables : où l'une existe, on est sûr de rencontrer l'autre; et tout ce qui annonce une santé florissante, est en même temps un signe de concupiscence. Les deux sexes qui, sous ce rapport, sont si bons juges l'un de l'autre, ne s'y trompent jamais. Qui ne connaît le charme attrayant de deux lèvres de roses? Quel poète n'a pas chanté la bouche de corail de sa maîtresse? Si une bouche fraîche et vermeille inspire si irrésistiblement l'amour, c'est que l'on juge disposée elle-même à ressentir l'amour toute femme qu'une bouche ainsi faite embellit. Au contraire, une bouche fanée, des lèvres flétries, n'inspirent que l'indifférence et l'abandon; elles annoncent ou la faiblesse ou le règne fatigué des plaisirs : il faut à l'amour,

ainsi qu'au papillon, des corolles res-
plendissantes de fraîcheur, des fleurs
nouvellement écloses.

Il existe aussi un très-grand rapport entre la bouche et des organes
plus mystérieux. La loi de coexi-
stence est vraie dans ce cas comme
en beaucoup d'autres.

Les personnes d'un tempérament
lymphatique ont la lèvre supérieure
grosse et tuméfiée : une bouche ainsi
disposée est donc un signe de faiblesse ; elle annonce un caractère timide et sans énergie.

Au contraire, la lèvre inférieure
se trouvant plus avancée que la supérieure, indique le dédain et la
fierté, le sentiment intime de la force
et de la supériorité. Les hommes de
génie, les philosophes, qui se sentent
placés de tout un ciel au-dessus du

vulgaire, dont ils regardent en pitié les préjugés et les sottises, avancent ainsi, mais presque toujours instinctivement, la lèvre inférieure.

Cette lèvre est-elle encore plus portée en avant et presque pendante, c'est un signe de faiblesse ou d'insouciance.

Tout le monde sait en quoi consiste ce doux frémissement des lèvres que l'on a nommé sourire : c'est l'expression la plus fine de la physionomie; elle n'appartient qu'à l'homme civilisé et même le plus civilisé; car on ne peut pas nommer sourire, certaines grimaces affectées qui enlaidissent encore de disgracieux visages.

L'homme grossier ou borné rit beaucoup : il rit même sans motif et souvent aux éclats; mais il ne sait pas sourire. L'homme spirituel rit peu et sans bruit; il se contente de froncer doucement les lèvres. Il en est de même de l'homme du monde : mais celui-ci s'est fait un sourire bannal, pour ainsi dire ; et cette fine grimace, il l'applique à toutes les circonstances ; tandis que l'homme d'esprit ne sourit qu'à propos, avec retenue et discrétion.

Celui qui ne sourit jamais est un homme insensible ou méchant, abruti ou profondément blasé.

Celui qui a toujours le sourire sur les lèvres est un homme faible, complaisant ou trompeur.

Le vrai sourire, non celui qui est un mouvement automatique et invariable, mais celui qui exprime quelque sentiment délicat, en un mot, le sourire qui est d'accord avec la pensée, n'appartient qu'aux hommes capables de réflexion, aux hommes dont l'esprit a été long-temps cultivé : ce n'est pas là, comme on pourrait le croire, un signe d'irréflexion et de gaieté, c'est plutôt un signe de sagesse, et souvent même de mélancolie.

Les enfants rient beaucoup, mais ils ne sourient pas.

Le rire exprime l'état de bien-être des organes, la joie matérielle pour ainsi dire ; le sourire sert d'expression à la pensée, c'est le rire de l'esprit.

# CHAPITRE XVII.

## DES SIGNES TIRÉS DE L'EXAMEN DU MENTON.

Nous n'avons que peu de chose à dire du menton, considéré comme partie expressive de la physionomie. On doit remarquer cependant que l'homme est le seul des animaux qui ait un véritable menton. Les Nègres l'ont moins saillant que les hommes des autres races, et surtout que les Européens. Aussi un menton un peu avancé et une bouche rentrante, donnent beaucoup de noblesse à la physionomie; les artistes grecs avaient bien fait cette observation. Les têtes de leurs dieux offrent toutes cette disposition favorable du menton et de la bouche : la chose est surtout remarquable sur la face du Jupiter - Olympien , lequel réunit d'ailleurs tous les caractères de la grandeur et de la majesté. Un menton plus avancé que la bouche, est un signe de force et d'énergie.

Un menton pointu et saillant, un menton de *galoche,* comme on le nomme, annonce souvent un esprit délié, plein de ressources, et quelque fois même un peu empreint de malice.

Au contraire, un menton reculé en arrière, alors même qu'il se rencontre chez des personnes spirituel- les , indique presque toujours un caractère tranquille et doux.

Si un menton prononcé et un peu saillant donne de la noblesse à la physionomie, il faut en même temps que la forme en soit gracieuse et bien proportionnée. Un gros menton bien massif produit un effet tout opposé : on le nomme alors *mâchoire* ou *ganache*; et le sens figuré qu'on a habitué d'attacher à ces noms, donne une idée assez exacte de l'esprit aussi bien que du caractère de tout homme ainsi conformé.

Une bouche entr'ouverte annonce, ou un homme très-attentif, ou une personne affectée de rhume ou de polypes, ou un niais que tout étonne et qui admire, ou bien un homme méditatif qui pense à tout, hormis à soi-même. On ouvre machinalement la bouche pour admirer un tableau de Girodet, tout aussi bien que pour ouïr un air délicieux de Rossini. Il suffit souvent d'avoir contracté l'habitude de travailler la nuit, pour avoir de la propension à tenir ainsi la bouche béante.

Disons aussi qu'on peut juger du bassin par le menton ; le développement de ces deux parties étant simultané, et assez ordinairement proportionné l'un à l'autre.

# CHAPITRE XVIII.

## DES SIGNES TIRÉS DE L'EXAMEN DE L'ENSEMBLE DE LA FACE.

Nous venons d'examiner en détail les principaux traits de la physionomie ; il nous reste à faire quelques remarques sur la face considérée dans son ensemble.

Un visage plein et bon à voir, un teint frais et coloré, ce qu'on nomme vulgairement une *bonne figure*, appartient en général à des hommes peu passionnés, plus amis des plaisirs que des réflexions sérieuses, incapables de grandes choses, mais susceptibles de bonnes actions ; frivoles, mais peu vicieux et sans méchanceté. Il faut cependant que d'autres signes viennent confirmer ce premier aperçu, car il n'est pas impossible de voir des hommes doués de grandes qualités, des hommes de génie même, avec un visage gras et plein. (Voyez *Napoléon.* )

Il faut toutefois remarquer que la face de Napoléon était maigre et have à l'époque la plus glorieuse de sa vie.

Une face ovale et alongée, des joues creuses, un teint pâle ou brun, sont autant de signes qui se rencontrent le plus souvent chez des hommes spirituels et fins, chez ceux qui préfèrent les occupations de l'esprit aux plaisirs des sens ; chez des hommes doués d'un caractère et de pas-

sions énergiques. (Voy. *Bonaparte,*
*Voltaire,* etc.)

Des traits délicats et peu prononcés, des formes arrondies et gracieuses, tel est en général le visage des femmes : les hommes qui en ont un semblable ont souvent aussi la faiblesse et la douceur de l'autre sexe. Au contraire, de grands traits, un visage sillonné de profondes empreintes, s'ils n'annoncent pas toujours un esprit supérieur, indiquent du moins l'existence de passions fortes et d'un caratère prononcé. Les femmes qui ont des *traits mâles* ont ordinairement aussi, dans le caractère, quelque chose d'énergique et de viril.

Deux parties distinctes forment la tête, le *crâne* et la *face* proprement dite ; de la combinaison et du rapport différent de ces deux parties, résultent deux caractères opposés de la physionomie.

Un vaste crâne et une petite face donnent un air spirituel et fin. Une pareille tête est presque toujours le partage ou d'un savant distingué, ou d'un ingénieux littérateur, ou enfin d'un artiste remarquable. (Voyez *Voltaire, Lamennais, Girodet.*)

Un petit crâne et une grosse face communiquent à la physionomie un aspect tout contraire, et lui donnent même souvent quelque ressemblance avec la tête des animaux : cela apparaît surtout chez les manœuvres, les hommes de peine, qui font plutôt usage de leur force corporelle que des facultés de l'esprit. Souvent aussi on peut faire pareille remarque chez des personnages d'un rang élevé,

lesquels, grâce aux largesses du sort
ou de la faveur, doucement écrasés
d'oisives sinécures, n'ont besoin,
pour jouir d'une vie délicieuse, ni de
fatiguer leurs membres délicats, ni
de mettre à la torture un esprit paresseux et d'ailleurs fort contestable.

Tous les traits peuvent être plus
ou moins mobiles. Un visage impas-
sible et muet appartient ou à un
idiot, ou à un homme d'un esprit
très-supérieur ; mais, chez le premier, rien ne peut donner le mouvement et la vie aux fibres molles
et apathiques de la face. L'insensé
conserve constamment le même visage, à l'aspect d'un pressant danger,
comme au milieu des plus grands sujets de joie ; et cela vient de ce qu'il
est à peine accessible à tout ce qui a
coutume d'émouvoir le cœur humain.

Mais si le visage de l'homme doué d'une grande force de caractère est habituellement froid et immobile, ce n'est pas qu'il soit incapable d'expression, c'est plutôt qu'un tel homme est maître de ses moindres mouvements, et qu'il ne laisse lire sur son visage que ce qu'il veut qu'on y aperçoive : ses traits n'expriment rien que ce qu'il a décidé d'y laisser voir.

Cette immobilité du visage chez les hommes doués de facultés éminentes dépend encore d'une autre cause : renfermés en eux-mêmes, préoccupés de leurs propres pensées et de leurs profonds desseins, ils voient à peine ce qui se passe autour d'eux ; les choses du dehors viennent frapper leurs sens sans les émouvoir ; leur œil distrait et rêveur ne fixe aucun objet; ils suivent le cours de leurs réflexions, sans entendre les sons qui retentissent vainement à leurs oreilles : enfin leurs sens ne s'éveillent, leurs traits ne s'animent, qu'autant que leur volonté a donné le signal. C'est ainsi qu'Archimède cherchait la solution d'un problême difficile au sein bruyant d'une ville prise d'assaut; c'est ainsi que La Fontaine continuait à s'entretenir avec dame belette ou maître renard, sans s'apercevoir qu'une pluie d'orage avait pénétré ses vêtements.

Au contraire, les hommes faibles, d'un esprit superficiel, d'un caractère léger, ont les traits de la face extrêmement mobiles; ils ne peuvent rien cacher de ce qu'ils éprouvent; ils rient ou pleurent pour le plus léger motif, et souvent pour des

sujets imaginaires. Leur physionomie réflète, pour ainsi dire, tous les
changements qui se passent autour
d'eux. Cette extrême susceptibilité
est presque toujours un indice de la
faiblesse du caractère.

C'est par une cause analogue que
l'homme profond parle peu, tandis
que l'homme superficiel parle sans
relâche sinon sans fatigue : l'un réfléchit avant d'agir, l'autre agit avant
de penser ; celui-ci laisse parler con-
tinuellement son visage comme ses
lèvres, tandis que celui-là sait également leur imposer silence à propos.

# CHAPITRE XIX.

## RESSEMBLANCE DE L'HOMME AVEC CERTAINS ANIMAUX.

L'ensemble de la physionomie offre quelquefois un caractère particulier que l'on a comparé à la face de certains animaux ; et l'on a prétendu que l'homme qui offre cette ressemblance physique, a quelque chose aussi, presque toujours, des qualités et instincts de ces êtres inférieurs à lui.

Cette analogie entre la face de certains hommes et celle des animaux a effectivement quelque chose de réel ; mais nous croyons que, dans le plus grand nombre des cas, elle a peu de rapports avec les facultés morales et intellectuelles. Nous ne disons pas que ces rapports n'existent *jamais*, par la raison que cette ressemblance, si elle provient d'une conformité du crâne, enveloppe osseuse du cerveau, entraîne nécessairement à sa suite une conformité pareille pour certains penchants ou appétits, aussi bien que pour le caractère.

On voit des hommes à figure d'aigle ; par exemple, le *grand Condé* et *Bernadotte* offrent une ressemblance de cette dernière espèce. Cette similitude dépend principalement de la configuration du nez en forme de bec ; elle est due aussi aux yeux, qui sont vifs, étincelants ; et au menton , alors fort reculé en arrière. Ces hommes sont souvent hardis, entreprenants et fins , et c'est en ce point surtout que la ressemblance est irrécusable.

D'autres ont la face fine et effilée du renard ( voyez *Voltaire, Lamennais, Villèle,* ) : et alors l'air spirituel, ingénieux ou matois, qui domine sur ces physionomies, dépend certainement des coexistences que nous avons précédemment indiquées, bien plus que de cette ressemblance fortuite avec le plus avisé et le plus expéditif des animaux.

Chez d'autres hommes , on retrouve quelque chose de la tête carrée et massive du cheval et du taureau. Si de tels hommes se distinguent plutôt par la force corporelle que par la supériorité de l'esprit, on peut en trouver la cause dans la masse des mâchoires comparée à la masse du crâne, sans être obligé de recourir à une ressemblance tout-à-fait superficielle et insignifiante, et presque toujours superstitieuse.

Quelques hommes ont une tête assez semblable à celle du chat ou du tigre, courte, ronde, terminée en avant par un petit museau : cette forme de la tête dépend, chez les animaux comme chez l'homme, de l'excessive largeur du crâne au-dessus des oreilles ; et comme, d'après Gall, cette disposition du crâne est due au développement extraordinaire de l'organe du meurtre, il est possible que l'homme à face de tigre ait de même l'instinct sanguinaire de cet animal. La tête de Roberspierre offre un exemple as-

sez remarquable d'une pareille ressemblance.

Porta prétendait que Platon ressemblait à un chien de chasse :
comment s'étonner d'après cela, di-
sait-il, de l'esprit investigateur et
de la rare sagacité de Platon !

Des traits réguliers, une belle
figure, n'annoncent pas toujours,
malheureusement, une ame ver-
tueuse et noble ; le vice et le crime
se cachent quelquefois sous les traits
les plus séduisants. En y regardant
de près cependant, en étudiant l'expression d'une belle figure, si elle appartient à un méchant, on découvre
ordinairement dans les yeux quelque
chose de faux ou d'égaré : la bouche
est quelquefois déformée par des
mouvements presque convulsifs ; enfin une expression indéfinissable,

souvent rapide comme l'éclair, laisse apercevoir soudainement toute la difformité du crime.

Des traits ignobles et repoussants cachent bien rarement une ame grande et belle. On ne peut guère se tromper en prenant pour un monstre, l'homme qui porte la physionomie de Marat. Après la première visite de sir Hudson-Lowe, Napoléon s'écria : *Cet homme a le crime empreint sur la figure.*

Il est essentiel de remarquer que l'imitation va quelquefois, tant son influence est puissante, jusqu'à produire une certaine ressemblance entre personnes vivant constamment ensemble. Mais il n'en faut rien conclure pour le moral.

# CHAPITRE XX.

## FRANCHISE OU FAUSSETÉ DE LA PHY-SIONOMIE HUMAINE.

On dit qu'une physionomie est franche, quand elle est l'interprète fidèle du caractère et des passions, et quand tous les traits concourent avec harmonie à la même expression. La figure peut exprimer la méchanceté tout aussi franchement que la bonté et la douceur.

La physionomie est fausse, au contraire, lorsque la volonté s'applique à mettre le visage en opposition avec l'état habituel de l'ame : si elle y réussit complètement, alors l'hypocrisie est parfaite, et la fausseté peut échapper aux yeux du meilleur observateur. Mais comme il est fort difficile de faire exprimer à la physionomie absolument le contraire de ce qu'on devrait y lire, on reconnaît d'ordinaire un visage faux à l'expression discordante des différents traits dont il se compose. Par exemple, la bouche s'efforce de sourire, tandis que les yeux expriment la colère ou le dédain ; le regard est doux et flatteur, et l'orgueil contracte les lèvres : enfin on découvre sur le visage la frayeur, que déguise mal une apparente sécurité ; la méchanceté, qu'on essaie vainement de dissimuler sous un faux air de bonhomie ; l'ironie ou le cynisme, qui perce à travers une

feinte simplicité ; et mille autres con-
trastes plus ou moins manifestes.

Toutes les fois que l'on retrouve
ce défaut d'harmonie entre les traits
du visage, on est porté à l'attribuer
à la même cause, c'est-à-dire à la
fausseté, à la feinte, à la dissimulation. Toutefois, il faut le dire, une
telle conséquence n'est pas toujours
vraie : un œil louche, par exemple,
donne quelque chose de faux à la physionomie ; et cependant cette fausseté n'est qu'apparente, l'ame y reste
étrangère.

La joie, le contentement, toutes
les passions gaies, relèvent et épa-
nouissent les traits. Le chagrin, la
douleur, les passions tristes et haineuses, les contractent et les tirent,
en les ridant, vers le menton.

# CHAPITRE XXI.

DU VOLUME DE LA TÊTE, CONSIDÉRÉ COMME MOYEN D'ÉVALUER APPROXIMATIVEMENT L'INÉGALITÉ DE L'INTELLIGENCE PARMI LES HOMMES.

Du jour où l'on se convainquit que le cerveau est l'instrument de l'intelligence, on dut rechercher par toutes les voies imaginables si l'intelligence est toujours proportionnelle à l'étendue du cerveau ; et l'on s'appliqua, comme nous l'avons dit, à juger du volume et de la configuration du cerveau par l'examen de son enveloppe osseuse. Or, voici ce qu'on observa : c'est qu'avec un crâne au-dessous de certaines dimensions on reste nécessairement insensé, et que la plupart des idiots paraissent devoir leur incapacité à cette excessive exiguité du crâne, le reste de leur organisation ne différant nullement de l'organisation des autres hommes. Au contraire, les hommes supérieurs ont un crâne souvent énorme, chose connue des artistes de tous les temps, ainsi qu'on le voit par l'image qu'ils ont laissée des plus grands hommes, leurs contemporains [1].

Il paraît aussi que plus la civilisation des peuples est avancée, et plus

---

[1] Les poëtes et les philosophes anciens n'ignoraient pas ce fait non plus. On peut s'en convaincre par le second chant de l'*Iliade*.

les crânes humains sont volumineux ;
soit que l'accroissement du cerveau
dépende d'une plus grande culture de
l'esprit, soit qu'une plus grande activité de la pensée soit favorisée ou com-
mandée par des organes plus accrus.
On est porté à penser que le premier
de ces deux effets engendre l'autre, et
que tous les deux ensuite réagissent
l'un sur l'autre et s'influencent mu-
tuellement. Un grand nombre de faits
tirés de l'histoire des nations et des
récits avérés des voyageurs mettent
hors de doute cette corrélation d'une
civilisation progressive avec un plus
grand accroissement du cerveau des
peuples. J'en trouve un exemple cu-
rieux dans les *Mémoires de l'Institut
de France* [1] : un négociant de Paris

_______

[1] *Mémoires* de M. Tenon.

avait reçu une demande considérable de chapeaux pour je ne sais quelle peuplade encore peu civilisée de l'Amérique. Cet homme envoya des chapeaux de toutes formes, et sur les modèles en usage alors chez les Français. Mais bientôt ses caisses lui revinrent sans mécompte : les têtes d'un pays à demi-barbare ne pouvaient s'adapter à ces coiffures d'un peuple mûr et penseur.

Ceci conduit à d'intéressantes remarques sur les climats. Les régions tempérées, outre l'avantage qu'elles ont pour l'énergie corporelle et la santé des peuples, produisent un autre bienfait relatif au développement du corps et en particulier du cerveau. Les climats doux et tempérés ne hâtant et n'abrégeant point la crue comme les climats plus chauds, ne l'entravant et ne l'arrêtant point non plus comme les climats glacés ; cette crue, plus lente et plus graduelle des organes, fait que le cerveau ne se développe qu'à mesure que l'éducation se perfectionne. Mais comme dans les climats extrêmes cette crue est arrêtée et achevée de bonne heure, cela même rend l'intelligence et plus inculte et plus pauvre. Ainsi donc la même cause qui accroît la supériorité de l'homme sur les animaux produit également l'inégalité des peuples entre eux : je veux dire la durée variable de l'accroissement et de l'enfance.

Mais si une tête volumineuse est l'indice probable du génie, d'où vient donc qu'une pareille tête ne passe point pour un des caractères de la beauté? d'où vient même que

les préjugés des peuples sont si prononcés à cet égard, que les statuaires
grecs se virent obligés de représenter
Périclès le front couvert d'un casque,
afin de dissimuler aux regards du
vulgaire le crâne énorme d'un homme admiré? D'où vient que la Vénus
de Médicis a une tête si exiguë, et
que d'appeler quelqu'un *grosse-tête*
soit, chez la plupart des nations,
une extrême injure? Ceci demande
explication.

D'abord on confond souvent et mal
à propos ensemble, et le grand volume de la face et le grand volume du
crâne : or, la première de ces dispositions est aussi défavorable à l'intelligence que l'autre lui est propice:
Ce sont là des caractères d'un augure
absolument opposé. D'ailleurs, les
sens sont les premiers juges de la

beauté, et des juges pleins de préjugés et de préventions. Ils s'enquièrent des justes proportions des traits et de leur arrangement symétrique, beaucoup plus que des qualités qui s'y trouvent attachées ou qu'ils supposent. Or, rien ne nuit à la gracieuse harmonie d'une tête humaine comme un front trop vaste, comme un crâne trop spacieux. Le front de Napoléon, par exemple, était d'une largeur démesurée, et cela jurait visiblement avec des traits moins saillants qu'agréables. Les indices du génie ne sont donc pas tous indistinctement des caractères de la beauté physique.

Il est une autre remarque plus importante! Si les hommes, réunis en société, avaient à tenir compte des qualités morales que supposent les traits de la physionomie ; si cette idée morale devait être mise au rang des caractères de la beauté, alors même ils ne priseraient guère les indices du génie. Qu'importe le génie, dans l'état d'obscure médiocrité où vit la multitude ? le bonheur des masses résultant de l'égalité de tous, de la liberté de chacun, les peuples doivent priser, hors d'eux, tous les dons médiocres qui assurent l'indépendance de chaque homme. Les caractères du génie ne sauraient donc entrer dans l'idée commune de la beauté, puisqu'ils annoncent la première des supériorités, et font craindre la perte des biens d'où dérive le bonheur public. Car la puissance veut commander, et l'obéissance peut conduire à la servitude.

Ajoutez que la supériorité de l'esprit porte à penser beaucoup plus qu'à agir. La pensée entraîne à sa suite l'oisiveté corporelle[1] ; et comme le génie suppose de grands besoins et de grandes passions, il faut à l'homme d'une grande capacité le dévouement et l'obéissance de plusieurs. Tandis qu'il pense pour les autres, il faut que les autres travaillent pour lui. Nouvelle cause d'inégalité parmi les hommes, nouveau motif de cette prévention défavorable qui s'attache toujours, même à l'insu de chacun, aux indices de toute supériorité morale. D'ailleurs les hommes supérieurs ne sont ni aussi bienveillants, ni aussi sociables que les hommes ordinaires.

[1] Un grand front annonce de l'enthousiasme et de la paresse, dit Aristote.

L'habitude de la retraite et de l'isolement, l'insouciance des petites choses, le dédain non affecté mais bien naturel de la tourbe qui vit pour vivre, et qui naît pour mourir, tout cela les rend généralement peu recherchés comme égaux. Aussi n'apprécie-t-on jamais bien les hommes supérieurs que comme chefs, c'est-à-dire à leur place. Ce sont comme des statues qui, pour s'animer, ont besoin d'un piédestal exhaussé. Tel homme qu'on dédaignait pour égal, on l'encensera supérieur ! Nous n'estimons guère que ce dont la grandeur ne peut nous préjudicier ; et nous envions, sans lui rendre hommage, celle qui nous écrase. Voilà ce qui nous rend si bons juges des morts, juges si partiaux des vivants. Nous dénigrons souvent, pour le trop redouter, le mérite qui nous pourrait nuire : rien de ce qui blesse notre misérable orgueil ne saurait nous plaire[1].

Voilà bien des raisons pour établir une dissidence manifeste entre les caractères de l'entendement et ceux de la beauté. Mais revenons à notre objet dont nous ont éloignés ces considérations sur l'inégalité parmi les hommes.

[1] Presque tout ce chapitre est extrait de la *Philosophie médicale.*

# CHAPITRE XXII.

QUELQUES REMARQUES SUR LES DÉ-
FAUTS CORPORELS, CONSIDÉRÉS
COMME MODIFIANT LE CARACTÈRE.

Presque tous les défauts corporels, pourvu qu'ils épargnent les
organes dévolus à l'intelligence ou
chargés de l'accroître, toutes ces
difformités, loin de nuire à l'esprit,
l'agrandissent ou lui prêtent des
charmes. Un être difforme ou in-
firme, qui sent ses imperfections et
qui s'en afflige, emploie toutes ses

18

facultés à faire pardonner, à force de bons procédés ou d'agréments, les infirmités qu'il tient de la nature ou de ses propres fautes. Aussi voit-on souvent, en des personnes infirmes ou d'un physique disgracieux, la réunion de mille dons, de mille agréments, qui font oublier ou même chérir jusqu'à leurs défauts. Il faut même remarquer que ce genre de découvertes d'une amabilité qu'on était loin de prévoir, est toujours sûr de nous causer d'agréables surprises ; l'amour-propre en est flatté. On s'imagine être de moitié dans ce qu'on découvre ainsi, contre toute attente, et en dépit de fâcheuses préventions.

Une autre cause vient compenser, chez ces êtres malheureux, les torts d'une nature rigoureuse et partiale.

L'imperfection même de leurs organes les préserve des erreurs des sens et des dissipations du jeune âge. Le temps que les autres hommes consument dans les plaisirs et les folles passions, eux l'utilisent en acquisitions précieuses qui, dans la suite de leur vie, feront leur gloire ou leur bonheur. Sans doute les premières années de ces hommes sont pénibles; sans doute ils sentent d'abord avec souffrance, avec amertume, cette dure inégalité qu'ils devraient bénir ! Mais quand vient l'âge de la maturité, ce second temps de la vie où la beauté du corps, fannée pour toujours, range sans rémission tous les hommes au même niveau, alors commencent pour eux d'heureuses représailles, où leur orgueil se dédommage avec surcroît des longues privations et de l'insipidité d'une jeunesse tant de fois humiliée.

### INFLUENCE DES DIFFORMITÉS [1].

Les remarques précédentes ne sont qu'imparfaitement applicables aux bossus. Si ces êtres difformes sont d'ordinaire assez richement partagés du côté de l'esprit, les causes de ceci ne sont pas purement morales, comme nous le disions tout-à-l'heure; elles sont en même temps physiques. D'abord c'est un principe incontestable que plus l'accroissement de la moelle épinière est entravé, et plus le cerveau a de volume; par la rai-

[1] Voyez *Philosophie médicale*, t. I<sup>er</sup>, liv. **IV**, chap. xii, etc.

son que la masse totale du système nerveux est toujours à peu de chose près la même. Or, nous savons que l'étendue de l'intelligence est généralement proportionnée au volume du cerveau. Ensuite, toute torsion de la colonne vertébrale (cela est également prouvé) ralentit et entrave l'accroissement du tronc; autre cause de l'énergie cérébrale, nouvelle influence propice à l'esprit, la quantité du sang et la force pulsative du cœur restant les mêmes pour un corps exigu aussi bien que pour des organes plus développés.

Disons toutefois qu'on ne voit guère de bossus véritablement spirituels qui ne soient en même temps très-difformes. Il faut pour cela qu'ils aient la tête sensiblement plus rapprochée du cœur, et que leur gibbosité reste évidente aux yeux les moins investigateurs, et nonobstant les secrets raffinements d'une toilette étudiée. Alors, en effet, l'influence physique s'unit à l'influence morale pour favoriser l'intelligence.

Mais qu'ils aient beaucoup ou peu d'esprit, les bossus n'en sont pas moins insupportables dans le commerce de la vie. Chacun d'eux entendant sans cesse répéter autour de lui, depuis sa naissance, qu'il sera nécessairement un jour un prodige d'esprit ; dès qu'il parle, on le voit, perroquet rempli d'affectation ridicule, s'efforcer d'être ingénieux ; il joint à ce défaut, pour le supplice de ses familiers, une susceptibilité extrême, un besoin de médire insatiable, et un fond de caractère tout-à-fait tourmentant. L'habitude qu'ils ont tous d'être raillés sans cesse, les tient toujours en armes et les rend hostiles. Épris d'un combat où leur grande expérience leur promet victoire, s'ils ne se défendent, ils attaquent. Leur vie entière est un tissu de méchancetés ingénieuses ou à peu près : il n'y a pas jusqu'à leur physionomie qui ne prenne l'empreinte d'un si insoutenable caractère.

Nous croyons n'avoir rien omis de ce qu'il y a de positif dans l'art du physionomiste ; mais nous avons passé sous silence une foule de préceptes inutiles ou même ridicules, que certains auteurs énoncent avec une inconcevable assurance. Notre but présent n'est point de fonder un système nouveau, non plus que d'en défendre d'anciens. Nous avons voulu seulement montrer ce qu'il y a de raisonnable dans l'art de la physionomie, art délicat et subtil, trop vanté par les uns, trop décrié par d'autres.

Or, que conclure de tout ce qui précède?

Que les facultés de l'esprit laissent sur le visage des traces durables et assez faciles à reconnaître.

Qu'il est possible d'y découvrir aussi les marques du caractère et des passions.

Mais qu'il ne faut pas se flatter d'y trouver, toujours sans erreur, l'indice de toutes les qualités morales.

Nous allons terminer cet ouvrage par quelques remarques détachées sur la physionomie humaine.

# REMARQUES,

PRÉCEPTES ET APHORISMES DÉTACHÉS

SUR L'ART DE CONNAITRE LES HOMMES,

D'APRÈS

DES MANIFESTATIONS EXTÉRIEURES.

———

Un très-grand front indique de la propension à la paresse, en même temps qu'une vaste capacité intellectuelle. Cela vient de ce qu'un extrême développement de l'intelligence est nuisible au bon état du corps, à la santé, à l'exercice des forces corporelles. En effet, le génie se complaît à méditer ; et la méditation veut du repos, du silence et l'isolement ; sans compter qu'une intelli-

gence supérieure dissuade des actions, des occupations précaires de
la vie commune. Diogène et Socrate
avaient un vaste front ; Hercule et
Achille l'avaient petit.

———

Les Anglais trouvent la Vénus de
Médicis trop petite pour une déesse :
M. Gall lui trouvait la tête trop exiguë pour servir de réceptacle à une
ame divine.

———

Une vaste poitrine, indice assuré
de l'énergie corporelle, annonce
presque certainement de la hardiesse
d'esprit, du courage, des passions
violentes.

———

La douleur physique, les souffrances, donnent souvent à la physionomie une expression analogue à celle du génie : j'ai vu une femme du peuple affectée de cancer, qui ressemblait parfaitement à madame de Staël, quant à l'expression profonde de la physionomie. Je dis même chose des passions contrariées, des violents chagrins, de l'abus des jouissances et des fatigues de l'esprit : tout ce qui remue vivement notre ame, tout ce qui porte coup à la sensibilité, a des effets à peu près semblables sur la figure.

---

Une grosse tête annonce de l'imagination par instant, de la pesanteur par habitude, de l'enthousiasme par éclairs, beaucoup de volonté, et souvent du génie. Un front étroit

indique de la vivacité ; un front rond,
de la colère.

———

Chaque homme a beaucoup de peine à se faire une juste idée de ses propres traits ; les femmes elles-mêmes
n'y parviennent que très-difficile-
ment : c'est une chose fort malaisée
que de juger sa propre physionomie.
Cela vient de ce qu'on ne peut voir
les mouvements des yeux, par qui
la physionomie reçoit sa principale
expression.

———

L'attitude du corps n'est pas la
même chez l'homme qui s'écoute
penser et chez celui qui lit dans le
grand livre de la nature : l'un re-
garde devant lui ou sur sa tête, l'autre se replie en soi-même. En con-

séquence, les observateurs ont la tête droite ; les philosophes spéculatifs ont le cou penché. (Voyez *Descartes et Newton.*)

———

La rectitude du corps est assez généralement en sens inverse de l'activité de la pensée.

———

On peut, jusqu'à un certain point, juger de la respiration d'une personne d'après son style, d'après la coupe de ses phrases et sa ponctuation ; assurément J. J. Rousseau ne ponctue pas comme Voltaire, ni Bossuet comme Fenélon. Quand Je dis qu'on peut, à l'aide du style, apprécier la respiration d'un individu, c'est dire qu'on peut ainsi juger des passions qui l'agitent, de l'émotion qu'il éprouve ; car les vives pensées ont pour effet de remuer le cœur, et les palpitations du cœur accélèrent la respiration et rendent la voix tremblante. Voilà d'où vient le pouvoir qu'une voix émue est toujours sûre d'exercer sur nous : elle attire l'attention, elle indique un orateur ou inspiré, ou timide, ou consciencieux. Les orateurs froids et les acteurs médiocres simulent cette émotion vraie qui vient du cœur, à l'aide de l'agitation oscillatoire et saccadée des bras.

---

La même émotion morale qui hâte la respiration, qui fait palpiter le cœur et rend la voix tremblante, rend de même tous les mouvements du corps vacillants et incertains, tant que dure l'inspiration morale, et quelquefois même long-temps après que l'agitation de l'esprit a cessé. Voilà pourquoi l'écriture de nos grands écrivains est généralement si illisible : et, comme il est écrit que toujours l'incapacité singera jusqu'aux défauts inséparables du vrai mérite ; voilà pourquoi beaucoup d'hommes médiocres se sont cru engagés d'honneur à graver en caractères indéchiffrables les stériles pensées qu'une verve engourdie leur suggèrerait.

---

Les peuples basanés sont plus aisément dissimulés et hypocrites que nous : ils ne connaissent, ni le vermillon de la pudeur, ni la rougeur de la honte, ni la pâleur de la crainte ou des remords. Il est fort difficile

également d'assigner un tempérament et un âge précis aux Nègres.

---

L'extrême laideur est presque
toujours un signe d'esclavage, de
souffrances morales ou de durs travaux. Il est certain que l'oisiveté,
qu'une douce incurie, sont favora-
bles à la beauté corporelle : il y avait
donc plus de vrai qu'on ne pense
dans ce titre de *gentilhomme* dont
on gratifiait jadis tout heureux fai-
néant.

---

Il n'est pas d'homme, peut-être, qui
ne consentît très-volontiers à échan-
ger, à son choix et selon son goût,
quelque trait de sa physionomie, une
partie quelconque de son corps. On
n'est jamais aussi complètement sa-

tisfait de sa figure que de son esprit.
Jugez combien la perfection corporelle doit être rare chez les peuples ac-
tuels de l'Europe, puisque la Vénus de
Thornwaldten lui a nécessité trente
différents modèles ! J'observe toutefois que la démoralisation des villes
capitales, mais surtout les bienfaits
récents de la vaccine, sont des causes qui doivent puissamment seconder le génie des peintres et des
sculpteurs de nos jours.

———

Il est bien rare de voir plusieurs
hommes maigres, hâves, bilieux,
intimement liés entr'eux ; aussi rare
que de voir des lions vivre frater-
nellement et en paisible compagnie.
Il y a long-temps que Shakspeare a
fait cette remarque profonde et

vraie ; vous en voyez la raison : cela s'explique par les vives passions que fomentent ou que dénotent de pareilles constitutions. Voilà peut-être ce qui avait inspiré à Diderot cette réflexion outrée, et outrageante pour son illustre ami Rousseau, *que le méchant vit seul.*

———

Une personne qui chante faux, et qui chante néanmoins, montre assez que son oreille est de moitié dans la fausseté de sa voix. Elle risque davantage encore : elle laisse planer des doutes sur la justesse de son esprit, ou sur la sincérité des amis qui l'écoutent.

———

Un homme qui a le malheur de loucher, doit se montrer beaucoup plus réservé qu'un autre dans ses actions et ses discours ; car la malignité humaine est naturellement disposée à augurer mal de la symétrie de tout édifice dont les issues sont désordonnées.

———

Un pied plat, suivant Aristote, indique de la finesse et de la ruse. En effet, puisque cette conformation vicieuse ôte des forces en produisant de la fatigue, on conçoit que la faiblesse unie aux désirs fomente des calculs et des stratagèmes. Celui qui ne peut aller où le poussent ses appétits, concerte des moyens de transport ; celui qui ne pourrait vaincre corps à corps, use d'adresse ou de supercherie dans le combat. Lorsqu'on ne saurait courir dans la carrière, il faut bien qu'on cherche une carrière où, pour vaincre, il ne soit pas besoin de courir.

———

De profondes rides aux côtés de la bouche font conjecturer qu'on est, ou moqueur, ou naturellement gai, ou soumis aux caprices d'un maître mauvais plaisant.

———

Le rire est un caractère d'ineptie plutôt que d'intelligence : les hommes supérieurs sont généralement graves. L'habitude des grandes pensées rend presque toujours indifférent aux petites choses qui sont en possession d'exciter le rire.

———

Plus sont profondes celles des

rides qui dépendent des muscles, et plus il est permis de croire à une longue vie, à une santé durable. En effet, l'énergie des muscles indique toujours une heureuse organisation, des fonctions régulières. Voilà sur quel principe vrai l'art de la *chyromancie* est fondé : s'il ne conduit si souvent qu'à des mensonges, cela vient de ce qu'on lui fait dire autre chose que ce qu'il dit en effet.

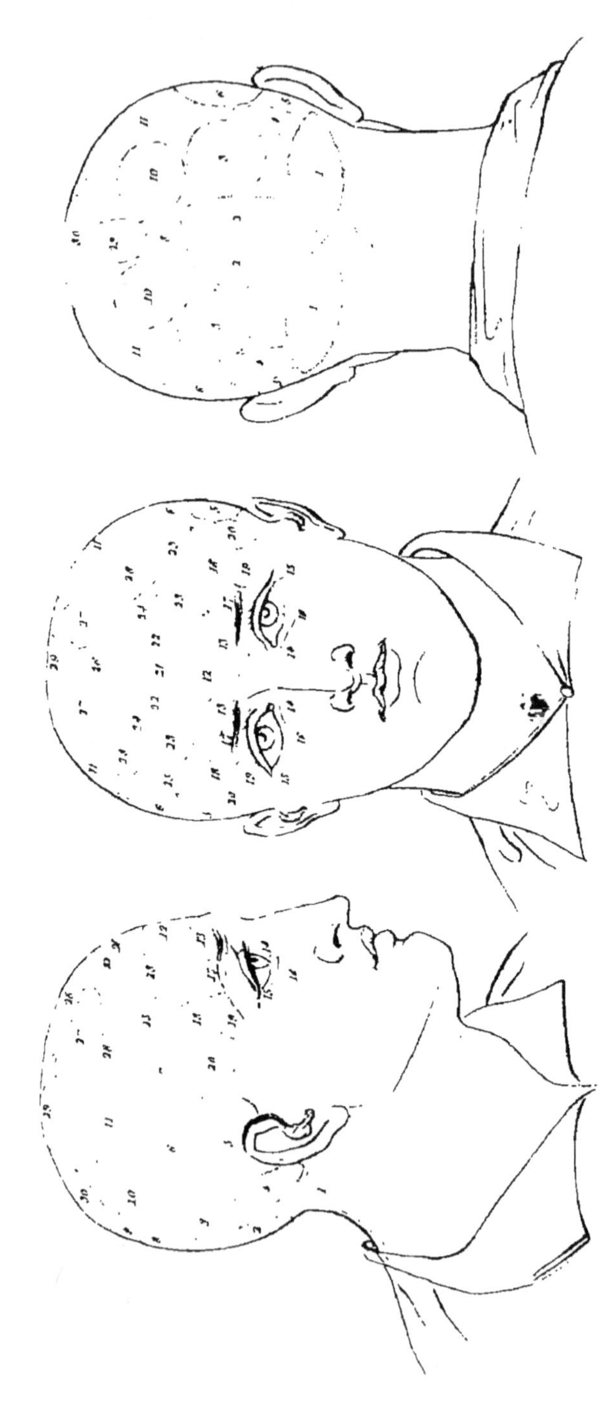

# TABLEAU

## DES PROÉMINENCES DU CRANE,

INDIQUANT,

### D'APRÈS M. GALL,

LE SIÉGE ET SIGNALANT LA PRÉDOMINANCE
DES DIFFÉRENTES FACULTÉS ET APTITUDES
DE L'ESPRIT.

N° 1. Siége de l'amour physique ou de la re-
production.
— 2. —— de l'amour des parents pour leur
progéniture.
— 3. —— de l'attachement et de l'amitié, ou
de la sociabilité.
— 4. —— du courage, de la rixes, des que-
relles et combats.
— 5. —— du penchant sanguinaire ou de la
cruauté.
— 6. —— de la finesse, de la ruse et du savoir faire.

N° 7. Siége du sentiment de la propriété, du penchant à la convoitise, au larcin, à l'avarice.

— 8. —— de l'instinct d'habitation.

— 9. —— de l'esprit de domination et de fierté, de l'amour de l'autorité.

— 10. —— de l'amour de l'approbation; de l'ambition, de la vanité, de la jalousie.

— 11. —— de la circonspection, de la prévoyance et de l'esprit d'incertitude.

— 12. —— de la mémoire des faits, de la curiosité, et de l'aptitude à s'instruire.

— 13. —— de la mémoire des lieux, de l'amour des voyages et du changement.

— 14. —— du souvenir des personnes et du don de saisir les ressemblances.

— 15. —— du sens des mots, des sciences descriptives et de la loquacité.

— 16. —— du sens du langage : aptitude à apprendre plusieurs idiômes.

— 17. —— du rapport des couleurs : sens de la peinture.

— 18. —— du sens des sons, du sentiment de la mélodie et de l'harmonie.

Nº 19. Siége du rapport des nombres, de l'aptitude aux sciences mathématiques.

— 20. —— du sens de la mécanique et des constructions : adresse, propension vers l'architecture et la sculpture.

— 21. —— de la sagacité comparative.

— 22. —— de la profondeur d'esprit : inclination pour les études métaphysiques.

— 23. —— de l'esprit de saillie et de répartie.

— 24. —— de l'aptitude pour la philosophie.

— 25. —— du talent poétique, de l'enthousiasme.

— 26. —— du sens moral, de la justice et de la bienveillance.

— 27. —— de la faculté de l'imitation.

— 28. —— du penchant pour le merveilleux et le surnaturel.

— 29. Organe de la théosophie : siége des croyances, pures ou idolâtres.

— 30. —— de la fermeté de caractère, de la persévérance et de l'opiniâtreté.

# BIOGRAPHIE

## PHYSIOGNOMONIQUE.

## PORTRAITS

### PHYSIQUES ET MORAUX.

---

## NAPOLÉON.

---

Front vaste et élevé, traits prononcés, tête énorme : petite stature, tempérament bilieux, regard pénétrant et méditatif.

Cette gravure représente Napoléon à l'époque, non la plus éclatante, mais la plus décisive de sa glorieuse vie et de notre histoire, alors que son génie était dans sa plus grande effervescence. Cette physionomie, loin d'exprimer l'ivresse d'une ambition satisfaite, laisse voir l'inquiétude du grand homme sur les destinées d'un empire dont il convoite et pressent la possession.

Le crâne de Napoléon dénotait surtout la prédominance des organes de l'ambition, du courage, de la mémoire des lieux et des mathématiques. Le docteur Antommarchi l'a constaté à Sainte-Hélène.

20.

# BENJAMIN-CONSTANT.

Goût natif de la liberté, respiré dans l'enfance avec l'air étranger d'un pays dès long-temps libre ; caractère d'opposition et d'indépendance, fortifié par le souvenir de persécutions héréditaires ; propension à la polémique, bien naturelle dans un homme élevé dans des croyances dissidentes : ambition vive, mais que modèrent de pures jouissances domestiques et l'habitude des travaux intellectuels.

Physionomie à la fois profonde et ingénieuse ; esprit d'à-propos et de saillies, prompt à concevoir, fertile en rapprochements imprévus et plein de ressources.

On lit plutôt, dans cette figure, l'amour des justes applaudissements, que le désir effréné du pouvoir.

# LORD BYRON.

Génie sublime, passions pétulantes, opiniâtreté indomptable ; indépendance, mépris du monde et de l'opinion, en toutes choses, hormis la gloire. Illustre victime d'une destinée malheureuse, d'un amour mal placé, d'un orgueil inconcevable et d'une vie sans frein ; assemblage bizarre et contrastant de la beauté physique et des infirmités corporelles, des grandeurs humaines et de l'infortune, d'une ambition extrême et d'une frivole attache à des jouissances presque dégradantes : vie de lutte, de contraste, d'opposition et de changement. Une difformité native, une ancienne tache de famille, une fortune délabrée, dont ses propres dissipations achèvent la ruine, tout cela le condamnait, ou à plaire à la foule, ou à éclairer le monde, ou à plier sous les grands. Il aima mieux rompre avec le genre humain, combattre et haïr ouvertement la puissance, sacrifier son existence aristocratique à la liberté expirante d'un peuple dont une odieuse persécution justifiait la révolte. A force de génie il a vaincu le sort ; il a conquis l'immortalité par la haine et le désespoir. Il n'a vécu que trente-six ans, mais sa gloire est impérissable.

Front de poète, physionomie passionnée.

# CHATEAUBRIAND.

On voit, dans cette physionomie, toute la mélancolie d'un banni, promenant dans les déserts du Nouveau-Monde les chagrins d'un long exil et l'oisiveté forcée du génie : courant le monde, regrettant la patrie, observant la nature et rêvant la gloire. Reviennent des temps plus prospères! et vous le verrez, écrivain du premier ordre, de l'ordre de Pascal et de Rousseau, retrouver, dans les souvenirs de ses voyages, des images pour toutes ses pensées, des peintures pour tous les sujets, des stigmates pour le crime honoré, des couronnes pour le génie, des palmes pour la vertu, et des consolations pour le malheur. Il ramènera la foi dans la conscience humaine, son vrai sanctuaire, et préparera le retour d'une auguste famille presque oubliée. La plume de cet homme fera plus pour l'affermissement sur un trône héréditaire, d'une glorieuse dynastie momentanément dépossédée, que trois cent mille baïonnettes étrangères.

# G. CUVIER.

Sciences diverses, art du dessin, langues mortes et vivantes, aptitude à tout savoir, à tout exprimer avec bonheur, à tout classer avec méthode, à tout débrouiller, tout agrandir. Il est savant anatomiste, naturaliste profond, orateur disert et plein de ressources, professeur érudit, administrateur habile. Son activité est incroyable, sa science quasi universelle, sa mémoire un prodige. Il dissèque le matin, ensuite il compose, ensuite il professe ; puis c'est un rapport à l'Académie, c'est un discours au conseil d'État, un arrêté en Sorbonne, une saillie dans le tête-à-tête, une épigramme à la volée, et le soir, c'est une aimable causerie dans un salon. Que d'hommes dont une vie de soixante années offrirait moins d'activité qu'un pareil emploi d'une révolution de vingt-quatre heures !

Le crâne de M. Cuvier a des dimensions presque aussi grandes que celui de Napoléon ( lequel avait vingt-deux pouces de circonférence ) : les proéminences des organes des diverses mémoires y sont surtout très-marquées. Cette physionomie offre quelque chose qui indique l'amour du commandement, et quelque chose qui le motive ou le justifie.

## D<sup>r</sup> GALL.

Mélange de finesse et de savoir, de méditation
et de volupté, de bonhomie et de malice, d'indo-
cilité aux croyances reçues et de presque supersti-
tion pour des systèmes personnels. Cette figure est
pensive, ce front est philosophique : là, rien n'indique beaucoup de mémoire, mais tout annonce
une sagacité infinie, un esprit vivement porté à
l'investigation. Excellent observateur, philosophe
profond, spirituel écrivain : homme d'un génie irrécusable, à qui il n'a manqué que d'être Français,
non pour sa gloire, mais pour la nôtre.

# HENRI IV.

Franc, gai, actif, brave, énergique, bon, voluptueux et clément; homme d'esprit, honnête homme, grand roi et le meilleur des rois : vrai Titus, moins les horreurs d'un siége.

En quelque obscurité que le ciel l'eût fait naître ,
Le monde , en le voyant , eût reconnu son maître.

## Gᵃˡ KLÉBER.

Courage militaire, vraie bravoure; rare énergie et supériorité de caractère; pose et physionomie héroïques : le dieu Mars en personne, vêtu de l'uniforme français.

D'architecte qu'il était, Kléber se fit soldat. Il dut ainsi à la révolution, non une gloire accidentelle et de circonstance, mais l'entière liberté d'obéir à ses goûts, et d'employer son génie selon le vœu de la nature, cessant dès-lors de le plier avec soumission et dépit à des caprices de famille ou à des calculs de fortune..... Mais cette vie si glorieuse, qui donc l'a odieusement tranchée? est-ce la trahison, ou serait-ce l'envie? Est-ce le farouche amour de l'indépendance, ou la crainte de manquer un trône?

# L'ABBÉ LAMENNAIS.

Que d'expression dans cette figure ! comme les passions et les veilles, comme les chagrins ou les souffrances l'ont sillonnée ! que de génie dans ces yeux ! que d'élévation dans ce front ! quelle ardeur brûlante sur cette bouche épanouie ! Amant de la vérité, dont souvent il perd les traces ; avocat chaleureux d'une cause malheureusement à demi perdue, et d'une puissance qui croule ; apôtre inspiré du ciel ; écrivain plein d'enthousiasme, à la fois l'ennemi et le martyr de l'indifférence de nos jours, la postérité verra briller sa gloire.

# G. DE MARTIGNAC.

Homme brillant, droit et adroit, doux, fin, grâcieux ; poète aimable, écrivain élégant, avocat disert, orateur souvent éloquent, éloquent à la manière de M. de Serres ; ministre habile et conciliant, diplomate délié, politique précieux à une époque de transition. Né pour commander, mais surtout pour briller, pour plaire et concilier, pour convaincre : les émotions de son cœur animent son débit, vivifient ses paroles et électrisent son auditoire. Rien de plus doux que sa voix, rien de plus séduisant que ses manières, de plus clair que ses discours, de plus accompli que ses Rapports ; rien de plus pur que ses intentions. Son administration, de trop courte durée, essuya quelques censures ; mais des regrets presque unanimes en saluèrent la fin imprévue, et nos vœux à tous en appellent le retour.

# MIRABEAU.

Puissante éloquence vivifiée par le feu des passions, étonnant alliage et des plus grands vices et du plus grand génie, homme presque digne de la Grève, s'il n'eût glorieusement conquis le Panthéon : exemple mémorable de tous les extrêmes.

Long-temps tourmenté par des créanciers, des maîtresses; maudit par son père, emprisonné au nom d'un roi, il court s'illustrer à la tribune après avoir rugi dans les cachots; se venge des lettres-de-cachet en préparant la chute d'un trône; punit son père en l'éclipsant; et rachette une jeunesse célèbre à force de débauches, par une immense popularité, popularité exigeante! qui tranche bientôt sa vie à l'endroit le plus glorieux. Près de mourir, redoutant les lenteurs de l'agonie, il implore le secours du poison!

La physionomie de Mirabeau offre le tableau réduit de sa vie : elle est dure et disgrâcieuse. On y voit les indices de la violence, de l'audace, de l'opiniâtreté; elle exprime l'habitude et l'assurance des applaudissements, le dédain de la vanité, et le mépris, non seulement des préjugés, mais des conventions.

## M<sup>en</sup> ROBERSPIERRE.

On a trouvé que la physionomie de Roberspierre avait quelque ressemblance avec celle du tigre ; sa tête, élargie sur les côtés, indique un développement excessif dans l'organe de l'instinct sanguinaire.

Homme énergique, enthousiaste et systématique ; politique froid et cruel, fanatique de liberté ou plutôt d'ambition, Roberspierre fut un monstre de férocité.

Quelque grand, quelque louable que soit le but où l'on tende, il n'est jamais permis d'y courir par une voie ensanglantée, fleuve affreux, horrible mer, formée du sang de tant de victimes, que les plus lourds vaisseaux y pourraient flotter !

## M<sup>me</sup> DE STAEL.

Énergie virile, grande puissance de volonté, beau génie : les traits de M<sup>me</sup> Staël portent l'empreinte de son esprit.

Les temps de révolution où vécut M<sup>me</sup> de Staël eurent beaucoup d'influence sur son caractère. A cette époque, où chacun changeait, et de nom, et d'état, de position et de fortune, M<sup>me</sup> de Staël changea pour ainsi dire de sexe. Elle ne se montra femme qu'en un point et elle le fut trop. Elle se fit homme dans un temps où beaucoup de grands seigneurs se faisaient citoyens ; mais elle resta toujours femme de génie, amie fidèle, amie enthousiaste et dévouée.

## M<sup>r</sup> DE TALLEYRAND.

Figure immobile, opinions changeantes; fortune aussi invariable que la physionomie.

Évêque d'Autun et prêtre des autels à l'époque de la révolution, M. de Talleyrand officia pour la liberté avant de stipuler pour l'usurpation impériale. On le vit depuis si près du trône, qu'il a été permis de penser qu'il aurait pu s'y asseoir. Prudemment retiré de la scène, pendant l'affreuse tragédie de 95, il présida presque toujours aux changements de décorations, et ne s'est guère montré sur le théâtre que dans les entr'actes et après la pièce.

Intervenant nécessaire dans tous les événements politiques, paix ou guerre, gloire ou désastres, il ne s'est résigné à l'exil qu'à une époque où l'exil allait devenir une recommandation. Pour récompense d'un esprit toujours agissant, on le met plus que de moitié, depuis vingt ans, dans tous les mots ingénieux qui se disent en France.

Cette physionomie de chambellan cache la malice railleuse de Voltaire, les ressources d'un Richelieu, les expédients d'un Metternich.

# J. DE VILLÈLE.

Physionomie de renard, finesse plus grande
encore : ruse, présence d'esprit, savoir-faire, con-
duite habile, génie plein de ressources, sans compter les faux-fuyants ; activité infatigable, persévérance sans égale, constance rare dans un premier
système. Ce ministre tout-puissant, solennellement
surnommé *le déplorable*, a tant d'attache pour
ses desseins, est si inébranlable dans ses opinions,
(que certains vantent, mais que la foule exècre) ;
il est si tenace, si opiniâtre, qu'arrivé à une
extrême puissance dont il craint et pressent la
perte prochaine, nouveau Cortès, il brûle ses
vaisseaux !

FIN DE LA TABLE.